国家级职业教育规划教材

全国技工院校现代物流专业教材（中级技能层级）

物流客户服务

人力资源社会保障部教材办公室组织编写

周　珠　主编

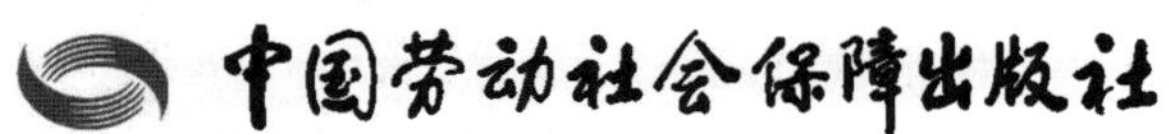

简 介

本书从我国物流行业的现状出发，介绍了物流客户服务的相关知识和基本技能，主要内容包括物流客户服务概述、物流客户开发与拜访、物流客户服务方式、物流客户投诉管理、物流客户关系运营等。本书配有电子课件，可通过职业教育教学资源和数字学习中心（http://zyjy.class.com.cn）下载。

本书由周珠任主编，卢栋、张爱兰参加编写。

图书在版编目(CIP)数据

物流客户服务/周珠主编. --北京：中国劳动社会保障出版社，2019

全国技工院校现代物流专业教材. 中级技能层级

ISBN 978-7-5167-4111-5

Ⅰ.①物… Ⅱ.①周… Ⅲ.①物资企业-客户-销售服务-中等专业学校-教材 Ⅳ.①F253

中国版本图书馆 CIP 数据核字（2019）第 188803 号

中国劳动社会保障出版社出版发行

（北京市惠新东街 1 号 邮政编码：100029）

*

北京市艺辉印刷有限公司印刷装订 新华书店经销

787 毫米×1092 毫米 16 开本 5 印张 93 千字

2019 年 9 月第 1 版 2019 年 9 月第 1 次印刷

定价：10.00 元

读者服务部电话：（010）64929211/84209101/64921644

营销中心电话：（010）64962347

出版社网址：http://www.class.com.cn

http://zyjy.class.com.cn

前言

全国中等职业技术学校物流专业教材出版于2006年，并于2013年进行了首次修订和补充。近年来，随着经济的发展和技术的更新，物流行业已经进入新的发展阶段，物流企业对从业人员的知识水平和职业能力提出了更高的要求。为了适应这些变化，培养更加符合物流企业需求的中级技能人才，我们组织了一批教学经验丰富、实践能力强的一线教师和行业、企业专家，在充分调研的基础上，对现有教材进行了新一轮修订和补充。

本次修订和补充的教材包括《现代物流基础（第二版）》《物流设施设备（第三版）》《物流成本管理基础（第三版）》《商品检验与包装（第三版）》《采购基础知识与技巧（第三版）》《物流运输基础与实务（第三版）》《仓储基础知识与技能（第三版）》《配送基础知识与实务（第二版）》《物流信息技术（第二版）》《物流客户服务》《货物养护作业实务》和《叉车作业实务》。

本次教材修订和补充工作的重点主要体现在以下几个方面：

第一，突出教材的实用性。本着“学以致用”的原则，新版教材的结构和内容根据物流企业的工作实际进行了调整和更新，对操作性较强的课程，教材在编写中采用任务驱动或理实一体化的模式，突出对学生实际操作能力的培养。

第二，突出教材的先进性。新版教材根据物流行业的现状和发展趋势，尽可能多地体现新知识、新技术、新方法、新设备，以期缩短学校教育与企业岗位需求的距离，同时，严格执行国家最新技术标准。

第三，突出教材的易用性。新版教材充分考虑学生的认知规律，注重利用图表、实物照片和案例辅助讲解知识点和技能点，部分教材还配有操作视频，学生扫描相应二维码即可观看，为学生营造生动、直观的学习环境，激发学生的学习兴趣。同时，新版教材还配有电子课件，便于教师开展教学工作，提高教学效率。

本套教材的编写得到了有关省市教育部门、人力资源社会保障部门和一批职业院校的大力支持，教材编审人员做了大量的工作，在此，我们表示诚挚的谢意！同时，恳切希望广大读者对教材提出宝贵的意见和建议。

人力资源社会保障部教材办公室

目　录

第一章　物流客户服务概述

【引导案例】

UPS的物流服务工作

UPS是联合包裹服务公司的简称，成立于1907年，从事信函、文件及包裹快速投递业务。UPS历经百余年的发展，目前在全球建立了多个空运中转中心，每天发出2 000多个航班，使用600多个机场，全球日均递送量已逾1 910万件。UPS业务量巨大，经济效益可观，在全球快递业中可谓独占鳌头。UPS之所以取得巨大的成功，与其富有特色的物流服务是密切相关的。

1. 货物快速投递服务

UPS规定国际快件三个工作日内送达，国内快件保证在翌日上午送达。在美国国内，UPS接到客户电话后即可在1小时内上门取件，并当场办妥托运手续。20世纪90年代，UPS推出的“下一航班送达”服务以其“快速、可靠”获得“物有所值的最佳服务”的声誉。

2. 报关代理和信息服务

UPS从20世纪80年代末起投资数亿美元建立全球网络和技术基础设施，为客户提供报关代理服务。UPS建立了“报关代理自动化系统”，其承运的国际包裹的所有资料都被录入这个系统，清关手续在货物到达海关之前即已办完。UPS的电子化清关为企业节省了时间，提高了效益。

3. 货物即时追踪服务

UPS的即时追踪系统是目前世界物流行业中最大、最先进的信息追踪系统之一。所有交付货物都能获得一个追踪条码，货物走到哪里，这个系统就跟踪到哪里。客户还可通过电话询问客户服务中心，客户服务中心提供昼夜服务，数百名职员每天用多种语言回答世界各地客户的数万次电话询问。

4. 先进的包裹管理服务

UPS建立的信息数据中心可将包裹的档案资料从世界各地汇总到一起，包裹送达时，员工借助信息数据中心提供的信息进行投递，实现了无纸化操作。

5. 包装检验与设计服务

UPS设在芝加哥的服务中心数据库中，各种包装案例如抗震包装、抗挤压包装、防泄露包装等应有尽有。服务中心还曾设计水晶隔热层的包装方式，为糖果、巧克力等食品的运输提供恒温保护；也曾使用坚韧织袋包装，使16万台转换器经得起双程磨损。这类服务为客户节省了材料和运费，被誉为"超值服务"。

思考：UPS的物流服务工作主要包含哪些内容？谈谈你对UPS"超值服务"的认识。

第一节　物流客户服务基本知识

一、客户

在客户关系管理中，客户是指对企业产品和服务有特定需求的群体，是企业经营活动得以维持的根本保证。现代物流客户管理中所称的"客户"，其内涵已经扩大化，要点包括以下几个方面。

1. 客户不一定是用户

处于供应链下游的批发商、零售商是生产商的客户，但他们一般不直接消费这些产品或服务，因此他们不一定是生产商的用户。

2. 客户不全是产品或服务的最终接受者

处于供应链下游的企业（如批发商、零售商或物流商）并不是产品或服务的最终接受者，但是对于上游企业来说，他们确实是非常重要的客户。

3. 客户不一定在企业之外

一直以来，人们习惯于为企业之外的客户服务，而把企业内的上、下流程工作人员和供应链中的上、下游企业看作同事或者合作伙伴，淡化了服务意识，造成客户服务的内、外脱节。在现代客户管理营销理念中，内部客户和外部客户都统称为客户。

二、物流企业客户

物流企业客户主要是指接受物流企业提供的仓储、运输、流通加工、配送等一系列服务的单位或机构。在供应链条上，物流企业的服务连接着实物产品的供需两端，为客户提供专业、便捷的物流服务。

三、物流客户服务

1. 物流客户服务定义

物流客户服务是指物流企业为促进其产品或服务的销售，发生在客户与物流企业之间的相互活动过程。

概括来讲，满足承诺的交付日期的能力、履行订单的准确性、运输延误的提前通知、对客户服务投诉采取的行动、有关发货日期的信息、在库产品的承诺提前期长度、性价比、价格的竞争力、销售人员的后续行动速度等是物流客户服务最重要的几个变量。物流企业可能将某一变量设置得很重要，这正是物流企业提供差异化服务的机会。

（1）作为企业客户服务一部分的物流服务（物流客户服务）

如果站在从事有形产品（或服务）制造或销售的制造企业或商业企业的角度观察物流服务的话，物流服务属于企业客户服务的范畴。

客户在购买商品时，不仅是购买商品实体本身，还是购买由有形产品、服务、信息和其他要素所组成的“服务产品组合”。物流客户服务就是这个“服务产品组合”的重要组成部分。有形产品并不一定能保证企业取得良好的经济效益并在市场上长久地生存下去，使企业更具竞争力的是能为客户提供比竞争者更好的服务。因此，物流客户服务对于物流企业建立良好的客户关系、提高产品在客户心中的价值、增强企业竞争力具有十分重要的作用。

（2）作为物流企业产品销售的物流服务（物流商品）

站在物流活动委托方的角度看，物流企业提供的是一种服务，这种服务同时也构成了制造企业或商业企业物流服务的一部分。

总之，在现代企业中，物流客户服务越来越从经营活动的辅助手段变为企业为客户提供的物流服务产品的一部分。假如物流企业的客户服务水平不能满足竞争的需要，客户对该企业的信任度就会降低，导致物流企业的竞争力下降。

2. 物流客户服务要素

物流客户服务要素包括交易前要素、交易中要素和交易后要素，如图 1—1 所示。

（1）交易前要素

交易前要素是指在产品销售前为客户提供服务的各项要素，如制定和宣传客户服务政策、完善客户服务组织功能，以及提供具有附加价值的管理服务等。这部分要素

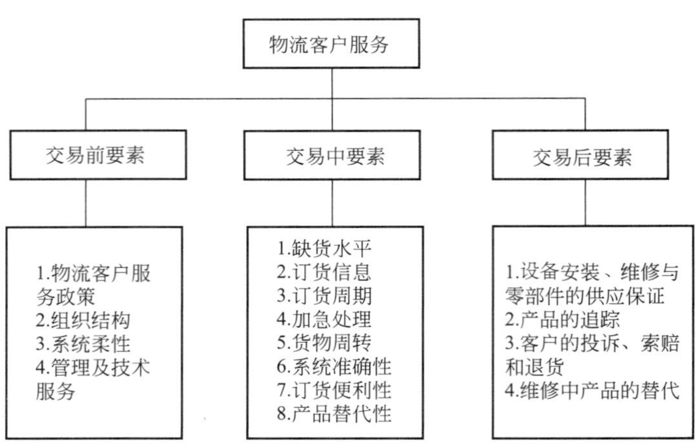

图1—1 物流客户服务要素

虽然不直接涉及物流活动，但对物流企业的交易活动具有巨大的影响。

1）物流客户服务政策。物流客户服务政策是提供给客户的书面声明，内容主要是物流企业的服务标准。政策必须尽量详细地阐述物流企业所提供服务的具体内容。

2）组织结构。优秀的组织结构应该促进物流服务所涉及的各个职能部门之间的沟通和合作，能提高效率，具有明确有效的激励机制。

3）系统柔性。系统柔性是指物流系统还必须存在对突发事件的缓冲空间和降低其影响的应对措施。

4）管理及技术服务。物流企业为客户提供咨询、培训等管理及技术服务，不仅有利于客户接受物流服务，而且还可以帮助客户熟悉物流服务流程，便于双方顺畅合作。

（2）交易中要素

交易中要素是指在将产品从供应方向客户实际运送过程中的各种要素，如订货周期、订货便利性等。这些要素对客户的满意度具有重要的影响，是确定客户服务目标的基础。

1）缺货水平。缺货水平反映物流产品的供应情况，是衡量物流客户服务的定量指标之一。当出现缺货时，物流企业可通过加速发货或者安排合适的替代产品来弥补，以此维持与客户的良好关系。同时，物流企业还应详细记录不同产品和客户的缺货情况，据此分析缺货原因，加强缺货管理。

2）订货信息。物流企业应具备为客户提供快速、准确的订货信息的能力，包括库存水平、订单处理状况、预定发货和交货时间、是否延期交货等内容。

3）订货周期。订货周期由订单输入、传递、处理、分拣、包装和交付等环节组成。从客户的角度来看，订货周期是从下订单到得到产品的时间。因此，物流企业必须重视和处理好订货周期内的每个环节，才能使订货周期压缩到最短。

4）加急处理。加急处理是指比正常的订货周期处理时间更短的情况。加急处理会使物流成本增大，但为了不失去客户，有时还是会被采用。应根据某个特定的客户对物流企业的盈利贡献来确定是否加急处理。

5）货物周转。货物周转是指为了避免缺货，在不同区域之间对货物进行调配和运输。物流企业通常会根据订单或预测提前进行货物周转。

6）系统准确性。系统准确性反映物流客户服务中差错的多少，这对于供应链上、下游客户都很重要。因此，必须对所有的差错进行记录、测算、改进，提高物流客户服务的准确性。

7）订货便利性。订货便利性反映物流系统的方便程度。客户在下订单时可能会出现非系统因素造成的困难，可通过对客户进行调研的方式来识别和改进。

8）产品替代性。产品替代性是指在发生缺货时，物流企业可提供给客户不同包装规格的同一产品或性能类似的其他产品。

（3）交易后要素

交易后要素是指产品销售和运送后根据客户要求所提供的后续服务的各项要素，它们支持着产品的售后服务。交易后要素主要包括设备安装、维修与零部件的供应保证，产品的追踪，客户的投诉、索赔和退货，以及维修中产品的替代等内容。

3. 物流客户服务的标准

物流客户服务的标准是“7R”（“R”为英文单词 Right 的首字母）原则，即在合适的时间、合适的场合，以合适的价格，通过合适的渠道为合适的客户提供合适的产品和服务，使客户的合适需求得到满足、价值得到提高的活动过程。

4. 物流客户服务的作用

物流客户服务在物流企业经营中有相当大的作用。特别是随着网络的发展，物流企业间的竞争已淡化了地域的限制，其核心是客户服务的竞争。物流客户服务的作用主要表现在以下几个方面。

（1）提高销售收入

客户服务水平高低通常直接关系到物流企业的销售收入。通过物流活动提供时间与空间效用来满足客户需求，是物流企业的功能产出或最终产品。物流客户服务无论是面向生产的物流，还是面向市场的物流，其最终产品都是提供某种满足物流客户需求的服务。

（2）提高客户满意程度

客户关心的是所购买的全部产品，即产品的实物和产品的附加价值。而物流客户服务就是提供这些附加价值的重要活动，它对客户满意程度产生重要影响。良好的客户服务会提高产品的价值，提高客户的满意程度。因此，许多物流企业都将客户服务

作为企业物流的一项重要功能。

（3）留住客户

客户是企业利润的源泉。在现代市场经济下，客户及其需求是企业建立和发展的基础。如何更好地满足客户的需求，是企业成功的关键。过去，许多企业都将工作重点放在新客户开发上，而对如何留住现有客户的研究较少，实际上留住客户的战略更为重要。因为老客户与企业利润率之间有着非常高的相关性，留住老客户可以留住业务，同时，留住老客户的成本比开发新客户的成本低，特别是满意的老客户会提供业务中介，为企业介绍新客户。因此，物流企业应千方百计留住老客户。

（4）降低成本

低成本战略历来是企业竞争的主要内容，而低成本的实现往往涉及商品生产、流通的全过程，除了原材料、零部件、人力成本等各种有形因素外，物流客户服务方式等无形因素对成本也具有相当大的影响。

（5）创造超越单个企业的供应链价值

一方面，物流服务作为一种特有的服务方式，以商品为媒介，将供应商、厂商、批发商及零售商有机地组成一个从生产到消费的全过程流动体系，推动了商品的顺利流动。另一方面，物流服务通过自身特有的系统设施（POS、EOS、VAN 等）不断将商品销售、库存等重要信息反馈给流通渠道中的所有企业，并通过不断调整经营资源，使整个流通过程不断协调地应对市场变化，进而创造出一种超越流通渠道内单个企业的供应链价值。

第二节　物流客户服务岗位及其要求

一、物流客户服务工作岗位

物流企业客户服务部门是从市场营销部门分离出来的专门从事客户服务的机构。该部门主要负责客户服务相关业务，包括收集发货信息、处理紧急订单、输出日常发货信息、组织和策划客户服务策略、制定客户服务规范、树立物流企业品牌、提高客户满意度等。

在物流企业创立之初，小型企业一般没有专门的客户服务部门，其职能由市场营销部门来执行。随着发展及竞争的加剧，物流企业通常会设置专门的客户服务部门，包括客户接待、客户信息管理、客户关系管理、客户投诉处理、大客户服务等主要岗位，各岗位的主要职责如下。

1. 客户接待岗位

（1）负责随时接受客户拜访，接待客户。

（2）负责受理客户的服务需求。

（3）负责判断客户需要解决的问题并准确归属到相关部门。

2. 客户信息管理岗位

（1）负责完成客户信息收集。

（2）负责分析并整理客户信息。

（3）负责客户分级管理。

3. 客户关系管理岗位

（1）负责维护客户关系，包括客户关系评价和提案管理等。

（2）负责客户日常交往管理，包括客户拜访和接待等，协助巩固企业与客户的关系。

4. 客户投诉处理岗位

（1）负责受理客户有关业务的咨询、查询及投诉等，协助相关部门调查客户投诉原因，解决客户提出的问题，并跟踪、反馈处理结果。

（2）负责做好客户回访，针对客户不满意的问题，合理并积极协调内部资源为客户提供满意的解决方案。

（3）负责整理客户投诉信息，提出改善方案。

5. 大客户服务岗位

【知识链接】

物流大客户

物流大客户又称为物流重点客户或物流 A 类客户，简单来说，就是指占物流企业客户数比例不高，但采购数额占物流企业整体营业额大部分，或具有盈利潜力，关注物流产品的附加值多于价格，对物流企业有较高的忠诚度，愿意与物流企业建立长期合作关系的物流客户。

（1）负责安排对大客户的定期回访。

（2）负责关注大客户的商业动态情况，保证物流企业与大客户之间信息传递及时、准确。

（3）负责经常性地征求大客户对客户服务人员的意见，及时调整客户服务人员，保证沟通渠道畅通。

（4）负责根据大客户的不同情况，与每个大客户一起设计个性化服务方案，以满足大客户的需求。

（5）负责提议针对大客户制定适当的服务优惠政策和激励策略。

二、物流客户服务工作原则

物流客户服务人员在工作中应认同本职工作，认同“以客户为中心”的服务理念，秉持对内代表客户利益、对外代表企业形象的思想，坚持首问负责制，为客户提供准确、迅速、周到的服务。

首问负责制要求首名处理客户问题的客户服务人员要负责到底，不能因不属于本人或本部门的职责等原因拒绝或推诿，应主动、耐心解答，或将客户指引到相关部门。客户服务人员应做到：能立即处理的问题要立即解决；不能立即处理的问题应给予必要的解释，并留下客户的联系方式，或将客户指引到相关部门。

物流客户服务人员在工作中应坚持向客户传递服务价值、人员价值和企业的形象价值，用积极的姿态快速响应客户的需求，重客户、重承诺，展现企业的服务优势。

三、物流客户服务岗位工作要求

1. 仪容仪表要求

（1）着装规范

1）上班着工装，按规定佩戴工号牌，并保持整洁。

2）工装无褶皱、无脏迹、无开线、无破损、无掉扣，纽扣扣齐。

（2）形象规范

1）发型美观、大方、庄重，不得留蓄怪异发型。

2）女员工化淡妆，不使用有异味的化妆品和护肤品。

3）个人卫生做到“四勤”，即勤理发、勤洗澡、勤剪指甲、勤换衣服。

4）言谈举止应大方得体。

2. 服务态度要求

（1）态度诚恳，热情周到，有问必答，耐心细致，谦和有礼。

（2）严禁态度生硬、不耐烦。

（3）客户问到自己不懂或不熟悉的业务时不得不懂装懂，不得推诿、搪塞客户，应婉言向客户解释并询问相关人员后再作解答，必要时可请相关人员代答。客户需要帮助时，在不违反相关规定的前提下，应热情相助。

（4）工作中出现差错时不得强词夺理，应诚恳接受客户批评，主动致歉并立即纠正错误。

（5）尊重客户，不得与客户闲聊，不得顶撞客户。

3. 服务语言要求

（1）用词准确，语句通顺，简明扼要，表述清晰。

（2）使用普通话与客户交谈，声调柔和，声音适中，不得使用方言和网络用语等。

（3）应根据时间、场景和服务对象不同，正确使用迎接、问候和告别语言，不得讲粗话、脏话，不得使用藐视或侮辱性语言。

（4）应使用请求、建议和劝告式语句，不得使用否定、命令和训诫式语句。

（5）不得打断客户说话，不得使用“你先听我说完好不好”等顶撞性话语。

4. 服务行为要求

（1）严格遵守约定时间，不误时、不爽约、不拖沓，快速准确，保证客户满意。

（2）在客户服务区或在其他公共场所工作时，不得高声喧哗，动作应轻稳，声音应柔和，不影响他人。

（3）爱护客户物品，应轻拿轻放。

（4）同客户交谈时应注意倾听，精神集中、表情自然，不随意打断客户谈话。

（5）不做客户忌讳的不礼貌动作，不说不礼貌的话。

（6）接听电话时应先问好，报企业、部门全称，然后说“请问怎样才能帮到您”，不得颠倒次序。

（7）结束通话时，应以对方挂断为通话完毕，任何时候不得先挂断电话或用力掷听筒。

（8）因客户原因不能按时提供或完成服务的，要耐心向客户解释。

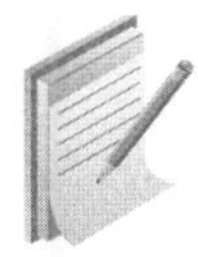

思考练习题

1. 什么是物流客户服务？
2. 简述物流客户服务的基本要素。
3. 简述物流客户服务对物流企业的重要作用。
4. 简述物流客户服务各主要岗位的职责。
5. 简述物流客户服务岗位的工作要求。

第二章　物流客户开发与拜访

【引导案例】

中邮物流开发新客户的措施

中邮物流有限责任公司是一家具有邮政特色的物流公司。公司发展之初，为了开发新客户，即采取如下措施，并要求员工具备市场开发能力、项目管理能力和综合协调能力。

1. 致力于开发物流大客户。
2. 致力于为客户提供个性化、一体化的解决方案。
3. 致力于物流大客户和项目的运行维护和管理。
4. 致力于分析物流行业市场和竞争对手。
5. 致力于协调全网资源，整合社会资源。
6. 强化对公司物流业务和营销策划的管理。

思考：物流企业想要开发新客户，可以采取哪些措施？

第一节　物流客户开发

一、物流客户开发方法

客户是物流服务的对象，是物流企业利润的源泉，建立相对稳定的客户群是物流营销目标实现的基础。开发物流客户最直接的方法是对盈利的物流产品市场进行细分并加以比较，若能明白客户选择的原因，并能找到具有类似特征的其他群体，那么这些群体也会成为潜在客户群。物流客户开发的具体方法有逐户拜访法、介绍寻找法、查阅资料寻找法、电话寻找法、广告寻找法和网络寻找法等。

1. 逐户拜访法

逐户拜访法即物流企业业务人员在特定的市场区域范围内，针对特定的客户群体，挨家挨户进行寻找与确认的方法。

逐户拜访法的优点是接触面广，信息量大，各种意见、需求和客户反馈都可能收集到，可以让更多的人了解物流企业。该方法的缺点也很明显，比如成本比较高、费时费力，可能会对潜在客户的工作、生活造成干扰，因此容易使潜在客户产生抵触情绪。

2. 介绍寻找法

介绍寻找法是通过他人的直接介绍或者提供的信息寻找潜在客户，可以通过熟人、朋友等社会关系，也可以通过企业的合作伙伴、客户等进行介绍，主要方式有电话介绍、口头介绍、信函介绍、名片介绍等。

利用这个方法的关键是业务人员必须注意培养和积累各种关系，为现有客户提供满意的服务和可能的帮助，并且要虚心请求他人的帮助。口碑好、业务水平高、乐于助人、与客户关系好、被人信任的业务人员一般都容易成功开发客户。介绍寻找法由于有他人进行介绍或者提供信息，成功的可能性非常大，同时也可以降低销售费用，减小成交障碍。

3. 查阅资料寻找法

通过查阅资料寻找客户，既能保证一定的可靠性，也能减小工作量、提高工作效率，同时也可以最大限度减少业务工作的盲目性和客户的抵触情绪。更重要的是，采用这种方法可以展开先期的客户研究，了解客户的特点、状况，提出合适并有针对性的客户开发策略，但需要注意资料的时效性和可靠性。

可利用的资料包括政府部门提供的统计资料，有关行业和协会的资料，企业黄页，工商企业目录和产品目录，电视、报纸、杂志、互联网等大众媒体，客户发布的消息，产品介绍和企业内部资料等。

4. 电话寻找法

电话寻找法是指利用打电话的形式进行地毯式访问来寻找客户的方法。与逐户拜访法相比，电话寻找法具有节省时间、效率高和覆盖面广的优势。同时，该方法对业务人员的素质也提出了较高要求。业务人员在电话访问前需掌握物流产品和服务知识，掌握电话沟通技巧，运用简短的话语吸引对方注意并引起其兴趣，将其发展成为物流企业潜在客户。

5. 广告寻找法

广告寻找法是指利用各种广告媒体的宣传推广来寻找客户的方法。这种方法往往立竿见影、覆盖面广、反馈速度快，但费用较为昂贵。广告寻找法的途径主要有大型门户网站推广、大型商业类网站推广、平面媒体推广和电视媒体推广等。

6. 网络寻找法

网络寻找法是指运用网络工具来寻找客户的方法。通过网络寻找客户不受时间限制，具有全天候、覆盖面广、双方即时互动和成本低廉等特点。采用网络寻找法开发客户时，一般要与电话访问等方式相配合使用。

二、物流客户信息

1. 客户基本信息

客户基本信息是了解客户、接触客户进而服务客户的基础，主要包括客户名称、地址、邮政编码、电话、传真、经营范围、注册资本和法定代表人等。

2. 客户需求信息

客户需求信息是为客户设计物流产品、提供物流服务的基础，主要包括客户对物流服务的需求、客户对物流企业提供的产品或服务的认知度、客户的经营状况和管理水平、客户的主要合作单位等。

3. 客户资信信息

客户资信信息反映了客户信用水平和付款能力等，主要内容包括客户的信用状况和收支状况等。了解客户资信信息可以帮助物流企业规避经营风险。

三、物流客户分类

客户分类是企业依据客户的不同情况，将客户区分为不同的类别，然后按照不同方式进行管理与服务的过程。

1. 按照服务对象的性质分类

按照服务对象的性质不同，可将物流客户分为个体型客户和组织型客户。

（1）个体型客户

个体型客户指由于个人或家庭的需要而购买物流产品或服务的最终消费者，主要是由个人或家庭购买者组成。

（2）组织型客户

组织型客户指因组织的运作需要而购买某种物流产品或服务的消费者，它一般由一系列组织单位或团体机构等构成。

2. 按照业务关系分类

按照业务关系不同，可将物流客户分为交易型客户、合同型客户和联盟型客户。

（1）交易型客户

交易型客户与物流企业的关系建立在一次交易或一系列独立交易的基础上，这种客户的数量较多且需求具有随机性，需求的数量和水平难以准确预测。在管理这类客户时，物流企业应强调客户服务能力的柔性化，在客户满意和物流成本之间寻找良好的平衡。

（2）合同型客户

合同型客户与物流企业的关系是根据一种具体的情况确立的合同关系，物流企业在合同的指导下满足客户的要求。由于这种关系在合同的具体指导下，因此，客户需要的服务水平和数量可以比较准确地预测。为这类客户服务时，物流企业只要确保服务过程的稳定性和可靠性，就可以使客户满意。

（3）联盟型客户

联盟型客户与物流企业的关系是一种为实现共同的利益、目标和战略而建立的有计划的持久性合作关系。在管理这种客户关系时，物流企业应加强与客户的互动沟通，充分认识和发掘客户深层次的需求，为客户提供个性化的服务，帮助客户达到预定的战略目标。

3. 按照客户成熟度分类

按照客户成熟度不同，可将物流客户分为现实客户和潜在客户。

（1）现实客户

现实客户又称为显性客户，是指有购买能力和购买动机的客户，是能为企业创造现实利益的个人或群体。这类客户一般具备四个条件：有购买动机或需求，有足够的消费能力，了解物流产品或服务的购买途径，能为物流企业带来即时收入。

（2）潜在客户

潜在客户又称为准客户或隐性客户，是指由于各种原因暂时不能接受物流产品或服务，但是能为物流企业创造潜在收益的个人或群体。这类客户一般有以下四个特征：

目前预算不足，暂时不具备消费能力；可能具有消费能力，但暂时还没有购买某种物流产品或服务的需求或动机；可能具有消费能力，也可能具有消费需求，但缺乏商品信息或购买渠道；此类客户会随着环境或需求的变化成为现实客户。

4. 按照重要程度分类

按照客户的重要程度不同，可将物流客户分为A类客户、B类客户和C类客户。

（1）A类客户

A类客户又称为重点客户或关键客户，这类客户的数量一般占物流企业客户总数的5%左右，而为物流企业带来的业绩则占企业业绩总额的80%左右。物流企业一般会为A类客户建立专门的档案，指派专门的销售人员负责对此类客户的各项业务活动，并定期走访。

（2）B类客户

B类客户又称为普通客户，这类客户的数量一般占物流企业客户总数的15%左右，给物流企业带来的业绩也占物流企业业绩总额的15%左右。此类客户希望在与物流企业合作的过程中增加自身价值，从而获得附加的收益。

（3）C类客户

C类客户又称为小客户，这类客户的数量占物流企业客户总数的80%左右，而为物流企业带来的业绩只占物流企业业绩总额的5%左右。物流企业针对这类客户通常使用让利手段，增加他们的满意度。

第二节　物流客户档案管理

在现代企业中，最重要的档案内容既不是反映企业自身经营情况的财务档案，也不是单纯的客户资料档案，而是客户档案。客户档案包括客户基本情况、市场潜力、经营发展方向、财务信用能力、产品竞争力等方面的信息。建立合格的客户档案是企业信用管理的起点，属于企业信用管理的基础性工作。

建立完善的客户档案管理系统和客户管理规程，对于物流企业提高营销效率、扩大市场占有率、与交易伙伴建立长期稳定的业务联系，都具有重要的意义。

一、客户档案管理的原则和作用

1. 客户档案管理的原则

建立企业客户档案应遵循集中管理、动态管理、分类管理、专人负责的原则，进行科学管理。

（1）集中管理

企业客户资料分散化通常有两种情况，一是分散在业务人员手中，二是分散在企业各个部门。

客户资料分散在业务人员手中，就可能导致客户是业务人员的客户而不是企业的客户，因为企业的管理层并不熟悉每一个客户，所以当业务人员离开企业后，客户及业务也可能随之离去，给企业造成经济损失。更严重的情况是，如果业务人员带走销售合同和发货单据，就会使某些客户拖欠的账款变成坏账，无法追回。

客户资料分散在各个部门，虽然可以杜绝个人掌握企业客户资源的问题，但也会引出部门之间、部门与整个企业之间平衡利益关系的问题。在实践中，具体表现为多个部门与同一客户交易，结果可能是不同部门为了赢得订单而提供一个比一个更优惠的条件，最终损害的是企业的利益。

因此，针对客户资料分散化的问题，企业唯一的解决办法就是对客户档案进行集中管理。集中管理客户档案后，企业可以进行统一授信，全面跟踪，及时解决可能出现的问题。在集中管理的模式下，企业仍然要注意加强信用管理部门工作人员的职业道德教育，使其意识到客户档案是企业的特殊资产，也是企业商业秘密的重要内容。

（2）动态管理

不同于一般的档案管理，客户档案管理需要根据客户情况的变化不断地调整修改，及时补充新资料，不断对客户的变化进行跟踪记录。

客户档案数据是实时变化的动态数据，传统的纸质档案管理显得有些力不从心，因此，越来越多的企业开始使用客户关系管理（CRM）软件进行客户档案管理。CRM软件既可以做到对客户档案的集中管理，又能实现客户资料的共享，每一个相关的人员都是客户资料的维护者和分享者，在利用CRM软件更新资料的同时，各种零碎的信息也不断地充实整个CRM系统。

建立客户档案的目的在于使用客户档案。利用CRM软件能更好地让客户档案成为企业客户管理与开发中的有效信息资源，实现其价值。

（3）分类管理

对客户档案进行恰当的分类，主要是基于客户对企业的重要性和客户档案管理费用进行考虑。企业客户规模的大小不一，对企业业绩的贡献程度也不尽相同，理应区别对待；进行客户档案管理也要考虑到成本效益原则，尽量使有限的资源发挥最大的经济效用。

（4）专人负责

客户档案信息如果泄露，会直接影响与客户的合作关系，所以客户档案应由专人负责管理，并制定严格的查阅和使用管理办法。

2. 客户档案管理的作用

（1）提高助销能力

客户档案管理可以使客户档案成为帮助销售人员争取销售机会、提高成交效率的“武器”，必须依靠客户档案管理使销售人员形成特有的销售套路。

（2）固化操作动作

客户档案管理能够实时地帮助销售人员记录销售信息，并能够通过填写这些信息，指导销售人员熟练掌握销售进攻的惯常动作及套路。

（3）提升客户管理能力

客户档案管理可以对客户质量、客户问题、销售阶段进行分析，并优化销售动作及未来的客户结构。

（4）提高管理准确性

对于销售人员的指导与管理必须建立在客户管理的基础上，客户档案是最能够支持这方面管理动作的工具。

（5）实现客户管理的有效衔接

客户档案可以详细记录客户决策信息及关键商务过程，能够在企业内部人员变动时实现客户管理的有效衔接。

二、物流客户档案内容

物流客户档案的内容包括客户信息及服务档案、承运商信息及合作档案、统计报表及分析档案、客户资信调查报告等一系列相关资料，应对其进行分析、归类、整理、评价，用计算机进行管理。在对物流客户档案进行保管、分析的过程中，各类原始资料的保管和整理是最基本的工作。

1. 客户信息及服务档案

客户信息及服务档案是物流客户档案中最关键和最基础的内容，也是几乎所有企业都会涉及和较为通用的档案。主要包括客户的基本信息和物流企业为其提供服务过程中部分或所有信息的记录，客户服务部门要负责保持记录的更新、完善，并确保信息的真实性。

（1）客户基本信息

1）客户自身的基本信息。这类信息主要包括客户名称、主营范围、规模、联系人等。需要注意的是，客户自身的基本信息很多是需要及时更新的，最关键的是联系人的变化。通常对物流企业来说，客户档案中应该记录三个层次的联系人，一是管理部门主要管理人员，二是物流业务部门主要管理人员，三是物流运营部门主要执行人员。另外，物流企业需要保持关注和更新的是客户一些基本信息的重大变化，如营业范围和上一年度物流费用等的变化情况，因为这些信息将很大程度上反映客户下一步与物流企业合作的变化。这些信息在客户档案中通常会以资料卡的形式呈现。

2）业务合作基本信息。这类信息包括与客户的合作项目和合同基本情况等。通常来说，要把具体的项目介绍、合同、报价等整理后，以客户资料管理台账（见表2—1）的形式配合具体的客户资料进行整体管理。

表2—1　　　　客户资料管理台账

编号	客户名称	合同金额	合同起止日期	业务范围	归档日期

（2）客户接受物流企业服务的过程信息

1）物流企业为客户提供的每一笔服务记录。这些服务记录包括运单、与客户往来文件和信息管理系统中发货、追踪等全业务数据的记录和统计，在物流企业中被作为客户的基本数据，运用很广，既可以用于对客户进行需求分析或市场分析，也可以用于物流企业内部对业务运作部门运作效能的评估。不过，由于服务记录的数据量庞大，在实际使用中，需要结合许多统计报表工具。

2）物流企业对客户服务中的异常或争议处理信息（其中最多的是客户投诉档案）。异常或争议处理信息档案通常会由一张事件调查表或投诉单引领，而后附有一系列的关联或调查文件，它的结构一般包括事件说明、初步分析、调查过程及佐证材料、调查结论及处理建议、处理结果审批，有时候会加上后续反馈或调查文件。通常来说，物流企业会对该类信息进行分组管理，如分为一般性投诉和重大投诉，这样便于进行针对性分析并适当倾斜管理资源。

（3）客户的意见和建议等反馈信息

客户的意见和建议等反馈信息主要包括物流企业与客户合作过程中，客户对物流企业服务的主动反馈，或者物流企业为了更好地把握和引导与客户之间的关系而主动采取的一些调查或访谈记录，如电话调查记录、拜访记录等。

该类档案信息通常仍然会以企业或项目为分类主体，按时间序列来组织。在归档的时候，物流企业通常会设定一些初步的标准对其进行分级管理，并对一些评估等级为“重要”的信息进行归档评价，以便突出关键信息。

（4）物流企业对客户的评价信息

这部分信息主要是物流企业对客户相对主观的总结和评价，是根据物流企业自身

评估标准进行的评价，往往经过物流企业的内部审核流程确认之后，会作为物流企业对客户评估的结果使用。通过评价，物流企业可以更好地找出更重要的客户，也能更快得知客户下一步的需求，从而在与客户的合作中更主动、更有效。

物流企业对客户的评价信息通常会放在客户档案的最前或最后，作为物流企业对客户进行定性判断的资料，以指导物流企业对客户服务反馈行为的整体基调。它是需要定期更新的。

2. 承运商信息及合作档案

承运商信息及合作档案过去通常会放在物流企业的资源采购部门进行管理，随着现代物流企业经营理念和竞争趋势的演变，客户服务部门实际上承担了物流企业内部业务的调度职能，因此许多物流企业将资源采购中承运商的准入审核和监督管理权限转入客户服务部门。承运商信息及合作档案主要包括以下三个部分。

（1）承运商基本信息

这部分信息包括承运商名称、营业内容、规模等，通常也会有一张承运商基本信息卡。其中最关键的资料是承运商的资质材料和运力资源证明材料，以及双方合作的协议或合同。

承运商的资质材料主要包括承运商的营业执照、税务登记证、资质许可证（如道路运输许可证）等，资质许可证是其中最关键的文件，因为它决定了承运商的从业资质。承运商的运力资源证明材料主要包括承运商自有资源（如车辆、库房等）的产权文件、从业人员的备案名单和资质文件（如上岗证、驾驶证等）、非自有资源的授权文件等。

这些证明文件通常都是复印件，所以需要由专人检验并签字，而且资质的有效期也应该是关注的要点。

（2）承运商合作信息

承运商合作信息主要包括物流企业与承运商的合作记录和异常记录。合作记录主要是实际的运单记录和数据统计记录表单，包含运输的单号、票号、合作内容、价格、时间等；异常记录则更多是以纲要和结论的形式存在，一般不保存具体的佐证和论证、调查信息。

（3）承运商培训及考核信息

承运商的培训信息主要分为两类：一类是进入物流企业时的培训信息，另一类是进入物流企业后的培训信息。

每家物流企业的考核体系不同，承运商的考核资料也有很大的差别，但通常都会形成定期的考核表单和评估文件。对于考核结果不好的承运商，可能会有附带的后续整改资料。

3. 统计报表及分析档案

该部分档案按其形式不同，一般分为统计数据、报表和分析档案三种。其中，统计数据是对日常经营数据的定向采集和汇总；报表是定期的格式化数据统计分析；分析档案是客户服务部门根据一定的标准对所采集数据和统计报表的初步分析，供物流企业决策层参考和进行更进一步的分析。由于这部分档案基本上都是以数据表格和统计表格、报表的形式存在，因此，这部分档案所反映的经营情况是不全面的，其精确程度取决于档案中表格设计的科目是否全面。

4. 客户资信调查报告

客户资信调查报告是物流客户档案的核心内容，它是在对物流客户档案原始资料进行整理和分析基础上形成的综合反映客户资信情况的档案材料。从资信调查报告的形成过程和主要用途来看，它是由物流企业资信调查人员撰写的一种反映客户信用动因和信用能力的综合报告，是详细记录客户资信信息的载体。客户资信调查报告的主要内容包括客户概况、股东及管理层情况、财务状况、银行信用、付款记录、经营情况、实地调查结果、关联企业及关联方交易情况、媒体披露及评语、对客户的总体评价、给予客户的建议等。此外，客户资信调查报告还可以包括经过分析得到的客户类别、交易趋势、客户购买模式和偏好特征等内容。客户资信调查报告的格式没有严格的规定，在实践中可以根据具体情况选择不同的格式，通常可以参考专业资信调查机构的标准报告格式来撰写。

三、物流客户数据库

物流客户数据库是近些年在国内外大型物流企业中常用的客户档案形式，是一个集成的、相对稳定的数据集合，可以支持物流企业的管理决策。

由于计算机系统存储信息的高密度性，物流客户数据库能建立大规模客户信息档案。同时，由于电子档案信息易于复制、调阅、传输，也使物流客户档案管理发生了根本性的变化，通过物流客户数据库，物流企业可以随时了解客户的变动，不断获取新信息，对原有资料进行充实、调整。

建立物流客户数据库要遵循以下原则：

一是在物流客户数据库建立过程中，要始终保持原始客户数据的完整性。在此基础上，物流企业可以根据自身需求对原始客户数据进行加工，提取所需的信息。

二是根据获取资料的真实性和价值高低对客户资料进行分类。从物流企业内部获取的有关资料，如销售部门获取的客户销售记录、财务部门获取的客户信用记录等，

真实性高，价值较高；从物流企业外部渠道如行业协会、第三方机构等获取的资料往往真实性差，需要在使用过程中不断修正更改。

三是物流企业应及时将更新后的数据录入到数据库中，保证客户信息的真实性和时效性，以维持良好的客户关系。

四是物流企业的客户数据库应建立严格的管理制度和使用制度，实行专人管理维护及限权使用，防止客户信息数据丢失或泄露。

第三节　物流客户拜访

客户拜访是物流企业开发大客户或特殊客户的一个行之有效、必不可少的环节。成功的客户拜访不仅可以达到拜访的目的，为达成交易奠定坚实的基础，而且可以由交易营销转化为关系营销，从而为物流企业创造更大的效益。

物流客户拜访一般分为两种：一是电话拜访，二是面对面拜访。

一、电话拜访

1. 电话拜访流程

电话拜访流程大体分为三步，即拜访前的心理准备、拜访中的言语沟通和拜访后的客户资料总结。具体的流程为：收到电话拜访资料、粗略整理、准备好工具及调适心情、开始电话拜访、填写客户资料卡（每拜访完一家客户即填写一张客户资料卡）。

2. 电话拜访沟通技巧

（1）展示亲和力

微笑是拉近人们之间距离的最好桥梁。电话拜访时，双方看不见彼此的表情，但可以根据声音判断第一印象。保持愉快心情才能有悦耳的音调，向对方展示亲和力，同时也可以降低对方的排斥感。另外，适当的问候语能拉近彼此的距离。

在电话拜访时应注意下列几点：

1）每周的周一或每天上午，通常大部分单位的工作人员会比较忙，所以客户关系专员做电话拜访要选择合适的时间，以防花许多时间却得不到理想的效果。

2）依不同行业调整电话拜访时间。客户关系专员在电话拜访时应对客户所在行业有初步的认知，了解该行业一般什么时间会比较忙，什么时间可电话拜访。

3）若已知对方职务，拜访时应直接称呼对方职务，会使对方有被重视感。

4）拜访结束时，应表达感谢之意，并说“对不起，耽误您不少时间”。

（2）说好第一句话

电话拜访常会遇到如下状况：

1）总机不愿转接。遇到这种情况，可先说声“谢谢”并挂掉电话，下次再找时间重新拨打电话。

2）对方表示相关业务已有专人负责，故不愿转接。此时，可婉转询问对方状况，并判断是否另找时间再度电话拜访。

3）对方表示相关业务无专人负责，客户关系专员可向对方询问完整资料，为日后再度电话拜访做准备。

4）如果负责人不在，客户关系专员可请对方告知负责人的全名及职务，以及通常何时会在办公室。

5）拨不通或无人接听时，客户关系专员应查询对方电话是否有误或故障。

6）如果对方不愿多谈就将电话挂掉，客户关系专员可另找时间电话拜访，并检讨自己的表达方式或是拜访时机是否不妥。

二、面对面拜访

1. 面对面拜访流程

（1）确定拜访对象

客户关系专员根据企业业务性质及产品确定目标客户，运用多种方式寻找客户资源，并且记录客户资料，对收集到的客户信息进行初步分析，确定拜访对象。

（2）加深对客户的了解

根据收集到的客户信息，客户关系专员应与客户取得联系，初步建立关系。不断与客户沟通，采取不同的、适当的接近策略，加深对客户的了解。

（3）预约客户

在与客户沟通过程中，客户关系专员应把握时机，提出拜访请求，确定拜访时间及面谈地点等。如果客户不接受面谈拜访，客户关系专员应重新分析客户资料，进一步了解客户的真实想法，并重新预约。

（4）制定客户拜访方案

客户接受拜访预约后，客户关系专员需要及时制定客户拜访方案，明确拜访对象、拜访时间、拜访地点、参与人、面谈目的、面谈主题等。

（5）拜访准备

客户拜访方案确认后，客户关系专员应做好拜访准备工作，包括确定路线、准备

拜访物品、准备着装、学习客户拜访礼仪等。

（6）按约定时间拜访

客户关系专员出发前应再次与客户确认见面的时间、地点，严格按照约定时间到达面谈地点，不得迟到。

（7）了解客户需求，解决客户的异议

与客户见面后，客户关系专员应首先打招呼，作自我介绍，说明来意。

会谈进入正题后，客户关系专员应首先告知客户己方的服务范围、收费标准、业务优势，让客户充分了解。

在交谈过程中，客户关系专员需要通过询问、倾听等方式了解客户的真实想法、需求及当前状况。客户如果提出有关疑惑及异议，客户关系专员应使用专业知识做出解答和说明。

（8）总结并确认谈话内容

客户关系专员应根据面谈的情况、客户的表现及态度，适时结束谈话。谈话结束前，应总结此次面谈的主要内容及客户需求，经客户确认后，做好记录。如果有必要，面谈结束前，客户关系专员应与客户确定下次拜访的时间及地点。

与客户告别时，应注意告别礼仪，给客户留下良好印象，为再次见面或沟通做好铺垫。

（9）撰写客户拜访报告，将拜访资料存档

面谈结束后，客户关系专员应及时总结此次拜访活动，查找不足之处，总结经验教训，撰写客户拜访报告并上交领导。客户资料及拜访有关资料应存档，确保企业信息资料得到妥善保存。

2. 面对面拜访礼仪规范

客户关系专员在拜访客户时，应遵守以下礼仪规范：

（1）拜访客户必须守时，尽量提前5分钟到达约定地点。

（2）敲门时要用食指，力度适中、间隔有序地敲三下，等待回音。如无应声，可稍加力度，再敲三下；如有应声，则侧身立于右门框一侧，待门开时，再向前迈半步，与开门者相对。

（3）拜访过程中，始终保持自信，面带微笑，主动与客户打招呼。

（4）进门后，客户不让座，不可随便坐下。客户让座之后，要说“谢谢”，然后采用合适的坐姿坐下。

（5）沟通时，态度应诚实大方，避免傲慢、慌乱、卑怯、冷漠等不良态度。

（6）未经客户同意，不可随意取用客户物品或进行参观。

（7）起身告辞时，要因打扰对方工作而向客户表示歉意。出门后，要主动伸手与客户握手告别，并请客户留步，挥手致意，说“再见”。

3. 面对面拜访谈话技巧

(1) 谈话内容要真实、周到、具体

面对面拜访时，谈话的内容一定要真实、周到、具体，这是取信于人、树立自身形象的关键。首先，谈话不要吞吞吐吐，不要说一些似是而非的话，要一是一、二是二，把要表达的意思说清楚。其次，不能弄虚作假，要讲求真实。无论做人还是做事，付出真诚才能换取真诚。最后，要清楚商品的优缺点，以便更全面、更详尽地向客户介绍。

(2) 谈话方式要简洁幽默

简洁幽默的谈话可以吸引客户，引出更多的话题，使谈话的气氛更加活跃、轻松，即使偶有争执，一句幽默的话胜过十句苍白的辩解。

(3) 谈话方式要因人而异

对不同身份、不同性格的人采取不同的谈话方式和策略，投其所好，从他们感兴趣的话题入手，以此作为切入点，是实现谈话目的的关键。

(4) 谈话结果要言行一致

谈话时不能轻易向客户许诺，但许下的诺言必须付诸行动。

思考练习题

1. 简述开发物流客户的方法。
2. 客户档案管理的原则是什么？
3. 物流客户档案包含哪些内容？
4. 有一家物流公司计划召开客户答谢会，该公司员工小李给同事打电话询问一个重要客户——××公司总经理的电话和姓名，问到后，小李给这位总经理打了电话告知答谢会的时间和地点，并特意写好“××公司张总”的名牌放在席位的主宾位置。答谢会开始后，一直没有见到这位总经理，电话也打不通。事后小李才知道，这位总经理姓章而不是张，客户来了找不到自己的名牌就回去了。

请思考：客户档案管理的意义是什么？小李以后如何防止类似的事情发生？

第三章　物流客户服务方式

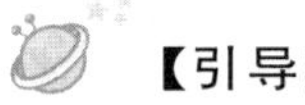

【引导案例】

沟通的技巧

客户致电某物流公司的客户服务中心，因语音播报和转接时间过久，等得不耐烦，几分钟后，他终于等到客户服务人员接听，以下是客户与客户服务人员的对话。

客户服务人员：“您好！77 号客服人员竭诚为您服务，请问有什么可以帮助您？”

客户：“你能不能让我少等一会儿？”

客户服务人员：“哦，今天电话特别多，一下忙不过来，您有什么事？”

客户：“你们为什么不多配点人？”

客户服务人员：“那是我们领导的事，我也希望多配一些人呀！”

客户：“你们领导总是让我们花大把时间等，难道客户的时间就不值钱吗？”

……

思考：客户服务人员如此礼貌和客气，客户为什么还是不满意呢？碰到此类问题，客户服务人员应该如何处理？

第一节　物流客户来访接待

在物流企业业务人员与客户进行日常业务往来的过程中，客户很可能提到希望来企业访问。同时，物流企业也会在适当的时候邀请客户来实地考察访问，以加深双方的沟通和了解，促进双方合作。

一、物流客户来访的目的

一是考察企业，以便了解企业的规模、业务能力、业务类型等基本情况，同时了解企业的运输生产体系、质量效率控制体系和创新信息等。二是进行项目洽谈，这样的客户往往与相关业务人员已经有过几次沟通，来访目的就是讨论现有项目的合作，包括相关技术问题、价格问题、付款方式、完成期限等内容的实质性讨论。三是以了解货物情况为主，顺便了解企业最新发展情况。四是以投诉为主，顺便对企业进行深入考察。五是客户与已合作沟通过的业务人员或某类业务的负责人进行基本的人际沟通。这类客户来访往往是顺道而来，来之前或许没有预约。

二、客户来访接待工作归属部门

客户来访接待是企业客户服务部门经常发生的业务。客户来访首先由前台工作人员接待，待明确客户需求后，由前台工作人员引导客户到相关部门。不同岗位工作人员接待工作的职责分工见表 3—1。

表 3—1　　客户接待职责分工

岗位	职　责
前台工作人员	负责到访客户登记工作
客户关系专员	负责实施具体的接待工作
客户关系主管	负责组织和安排客户接待工作，处理接待过程中的突发情况
客户服务经理	负责制定客户接待工作标准和礼仪要求，并监督执行

三、物流客户接待流程

物流客户接待流程如图 3—1 所示。

1. 接待人员将来访客户迎入安排好的会场后，提供待客服务，并登记客户的基本情况。

2. 询问来访目的，记录客户的意见和要求。

3. 解决客户问题，能答复的要立即答复，不能立即答复的，告知客户具体解决期限，并上报主管。

4. 填写客户接待记录表（见表 3—2），详细记录客户来访的目的、时间、谈话过程、解决问题的方法和遗留问题的解决期限，并与客户核对、确认联系方式。

5. 客户结束拜访后，接待人员应遵照相关礼仪规范送别客户。

6. 送别来访客户后，接待人员需要根据客户接待记录表及实际状况写出接待工作总结并提交给客户关系主管。

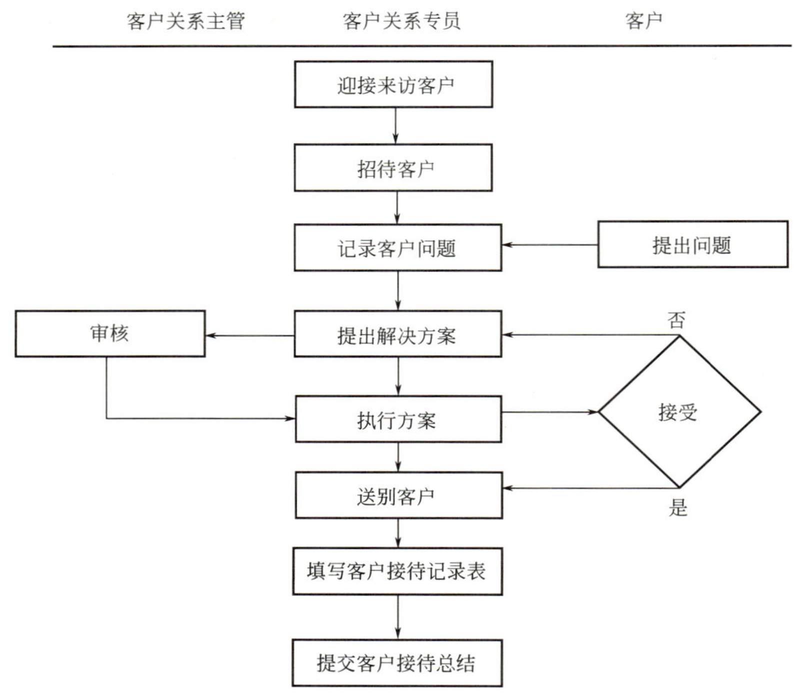

图 3—1 物流客户接待流程

表 3—2 **客户接待记录表**

客户姓名		联系电话		接待时间	
所在单位及职务		单位性质		E-mail	
来访事由					
主要合作业务					
来访详细情况					
备注					

四、物流客户来访接待注意事项

客户来访时，客户关系专员必须认真、细致地做好相关准备工作。必须针对客户来访的目的，根据企业相关流程和制度，有针对性地做好安排。

1. 了解企业和客户

客户关系专员在接待客户过程中直接面对客户的需求，担负着解答客户疑问的职责，因此必须熟悉企业的相关服务信息。对于老客户来访，客户关系专员不需要对客户进行深层次的了解。对于新客户来访，客户关系专员必须慎重，详细了解清楚客户的实际状况和来访的真正用意。因此，物流企业客户接待人员应掌握以下业务知识：

（1）本企业物流服务项目的特点和功能，以及企业业务范围。

（2）本企业物流服务项目的价格、折扣、付款条件、售后服务，以及签订合同的手续。

（3）本企业基本状况，如创立年份、行业地位、规模、资金实力、市场口碑等。

（4）竞争对手的服务特点，本企业与竞争对手对比的优、劣势。

（5）本企业客户接待制度，以及不同等级来访客户的接待标准。

2. 做好客户来访登记

当客户亲自上门拜访时，接待人员应在与客户沟通的同时，填写客户接待记录表，以方便企业进行客户管理及业务管理，准确记录客户需求，并保证尽量满足每个客户的需求。接待人员要详细记录客户情况，包括客户有什么需求、是否需要交给其他部门处理、解决方法及最终结果。

3. 安排客户行程

客户在拜访过程中，如果有意愿了解企业的现状和发展情况，可能会提出参观企业相关业务工作场地的要求，如了解货物包装装卸地点和设备情况、货物保管情况、运输工具情况，以及货物信息追踪情况等。在遇到此类要求时，接待人员要根据客户的要求和时间来安排参观行程及参观时间，使客户能在较短的时间内最大限度地了解企业情况，在不影响客户后续安排的情况下尽量满足客户的需求。

4. 安排所有参与接待人员的对接

若是接待预约前来进行商务洽谈的客户，接待人员应根据客户前来洽谈的主要内容，提前与相关技术人员及领导做好沟通，并请相关技术人员在接待时给予协助和支持。同时，应提前将客户来访信息汇报给部门负责人及分管该部门的企业负责人，以便准确把握客户意图，保证洽谈进程顺利进行，并对可能出现的相关问题加以分析和判断。更为重要的是，客户来访前，接待人员应根据客户级别知会企业负责人和相应部门的负责人、总经理或副总经理，以确定参与接待的人员。如果需要企业负责人参加，必须提前两天书面请示，以便确认企业负责人是否可以参加。

5. 准备资料

客户来访前，业务人员应事先认真整理好与该客户沟通的相关资料，如洽谈合作

的项目情况、价格情况、技术改进情况等，以及与该客户往来的重要传真、电子邮件、相关合同、报价和其他重要资料。与合作项目有关的技术参数、操作流程和标准等应事先与技术部门相关人员沟通确认，确保无误，并就这些信息与部门负责人及分管该部门的企业负责人进行事先沟通，促进洽谈的顺利进行。更重要的是，在洽谈前业务人员应充分了解拟洽谈合作的项目情况，以便在洽谈现场能够迅速做出反应，并随时回答客户的有关提问。企业历史及现状介绍也是让客户了解企业的重要内容，在向客户介绍本企业时，一套思路清晰、简明流畅的介绍词将会大大提升客户对企业的好感度，促进洽谈合作的顺利进行。

6. 做好会谈准备及明确会谈流程

客户来访的前一天，业务人员必须事先告知所有相关部门来访人数，以便后勤部门做好会议准备工作。会谈结束后，接待人员应清理好会议室并将相关资料设备交还给相关部门。客户来访结束后的第二天，业务人员应立即整理出一份内容详细并包含会谈纪要附件的答谢信给客户，并抄送客户方所有来访人员及企业参与接待的相关人员，同时将企业技术人员提供的有关改进的最新信息告知客户，以便客户及时掌握和了解企业的反馈信息，明确洽谈中未解决事宜的完成时间表及重要事项。

五、物流客户接待服务规范

1. 穿着礼仪

客户接待人员应穿着统一制服，并随时注意自己的着装是否整洁。

2. 引见礼仪

（1）首先将职位低的人介绍给职位高的人，然后将职位高的人介绍给职位低的人。

（2）首先将年少的人介绍给年长的人，然后将年长的人介绍给年少的人。

（3）首先将本企业工作人员介绍给来访人员。

（4）一般来说，首先将男性介绍给女性，但如果男性的年龄较长或职位较高，则相反。

（5）首先将与自己较熟悉的一方介绍给不太熟悉的对方。

（6）如果客户人数众多，则按照职位高低依次介绍。

3. 交换名片礼仪

（1）事前准备

前往会客厅接见客户时，客户接待人员应携带足够的、干净的新名片，并把名片存放在名片夹内，不能直接将名片放在衣服口袋中。

（2）交换名片

客户人数较多时，应该从领导开始交换名片。双手食指和拇指执名片的两角，以文字正面朝上，一边作自我介绍，一边递名片。对方递过来的名片，应该用双手接过来，以示尊重。

（3）事后整理

当会客完毕送走客户后，客户接待人员返回自己的座位，整理并保存刚才收到的名片。

4. 引领客户礼仪

场所不同，引领客户礼仪也不同，见表 3—3。

表 3—3　　引领客户礼仪

场所	引领礼仪
走廊	接待人员应走在客户侧前方两至三步；当客户走在走廊的正中央时，接待人员要走在走廊的一旁，偶尔向后看，确认客户跟上；在转弯拐角处时，要招呼客户转弯
楼梯	接待人员先向客户说明所在楼层，然后引领客户上楼；上楼时应让客户先走，上、下楼梯时不应并排行走，而应右侧上行，左侧下行
电梯内	进电梯时，面向客户用手挡住电梯门舌簧，请客户进入电梯，接待人员最后进入电梯；出电梯时，面向目标方向用右手挡住电梯门舌簧，指引客户出电梯，接待人员在客户左前方引领；在电梯内不要背对客户，也不要背对电梯门

5. 倾听礼仪

客户接待人员要认真倾听客户讲话，在与客户交谈时，不可随意打断客户，要了解客户表达的意思，找出谈话的重点并进行反馈。

6. 记录礼仪

随时记录客户谈话的要点，体现对客户意见的重视和尊重，并鼓励客户继续谈话。

7. 送别礼仪

送别时，客户接待人员应该主动安排交通工具，必要时可陪同客户前往车站、码头或机场。临别时，客户接待人员应真诚感谢客户来访，与客户握手道别后应挥手示意，直至客户离开。

第二节　呼叫中心客户服务

呼叫中心（Call Center，简称“CC”）又称为客户服务中心（Customer Care Center，简称“CCC”）或者客户关系管理中心（Customer Relationship Management，简称“CRM”）。呼叫中心业务代表通过接听电话，为客户提供信息服务。随着计算机和电信技术的发展，呼叫中心引进了语音应答系统及计算机电话集成技术，功能有了很大改进，不仅可实现人工和自动服务，也可以让用户的语音在任意业务代表之间进行互相转接，提高了系统的服务质量。

一、呼叫中心在客户服务管理中的作用

1. 企业与客户直接沟通的桥梁

企业可以通过呼叫中心为客户提供更多的业务支持，可以更好地培养客户的忠诚度。客户也可以通过呼叫中心与企业直接沟通，不必让代理商在中间作为“传话筒”，这有利于企业及时处理客户的问题，改进产品质量和服务。

2. 企业建立数据库最有效的信息来源

呼叫中心每天与客户接触的频率相当高，并且每一次接触都会有新的数据产生。现在，企业之间的竞争已经由原来的产品竞争转向了客户资源的竞争，呼叫中心在与客户接触的过程中，直接记录下客户的行为，形成一个庞大的信息库。对这些数据进行分析，可以帮助企业更深入地了解客户，更准确地把握业务状况，及时调整企业发展策略。

3. 提升企业美誉度的重要方式

专家指出，企业获得一位新客户所需要的成本是维持一位老客户所需成本的 5 倍。企业如果可以长期地维持一位老客户，不仅可以给企业带来直接的经济效益，还可以通过老客户的人际传播，提高企业的美誉度。这种无形资产是每个企业追求的目标。

二、呼叫中心分类

1. 按采用的接入技术分类

按采用的接入技术不同，呼叫中心可分为基于交换机的呼叫中心和基于计算机的

板卡式呼叫中心

(1) 基于交换机的呼叫中心

基于交换机的方式是由交换机将用户呼叫接入后台人员。这种方式稳定性和可靠性好，但成本高。

(2) 基于计算机的板卡式呼叫中心

基于计算机语音板卡的方式是由计算机通过语音处理板卡完成对用户拨入呼叫的控制。这种方式虽成本低廉，但可靠性、稳定性差。

2. 按呼叫类型分类

按呼叫类型不同，呼叫中心可分为呼入型呼叫中心、呼出型呼叫中心和呼入呼出混合型呼叫中心。

(1) 呼入型呼叫中心

呼入型呼叫中心不主动发起呼叫，主要应用于技术支持、产品咨询等。

(2) 呼出型呼叫中心

呼出型呼叫中心是呼叫的主要发起方，主要应用于市场营销、市场调查、客户满意度调查等。

(3) 呼入呼出混合型呼叫中心

单纯的呼入型呼叫中心和呼出型呼叫中心比较少，大量的呼叫中心既处理客户发出的呼叫，也主动发起呼叫，称为呼入呼出混合型呼叫中心。

3. 按规模分类

按规模不同，呼叫中心可以分为大型呼叫中心、中型呼叫中心和小型呼叫中心。

4. 按功能分类

按功能不同，呼叫中心可以分为电话呼叫中心、Web 呼叫中心、IP 呼叫中心、多媒体呼叫中心、视频呼叫中心和统一消息处理中心。

5. 按使用性质和运营模式分类

按使用性质和运营模式不同，呼叫中心可以分为自建自用型呼叫中心、外包服务型呼叫中心和托管型呼叫中心。

6. 按分布地点分类

按分布地点不同，呼叫中心可分为单址呼叫中心和多址呼叫中心。

三、呼叫中心业务的常规操作流程

1. 呼入电话处理流程

呼入电话处理流程如图 3—2 所示。

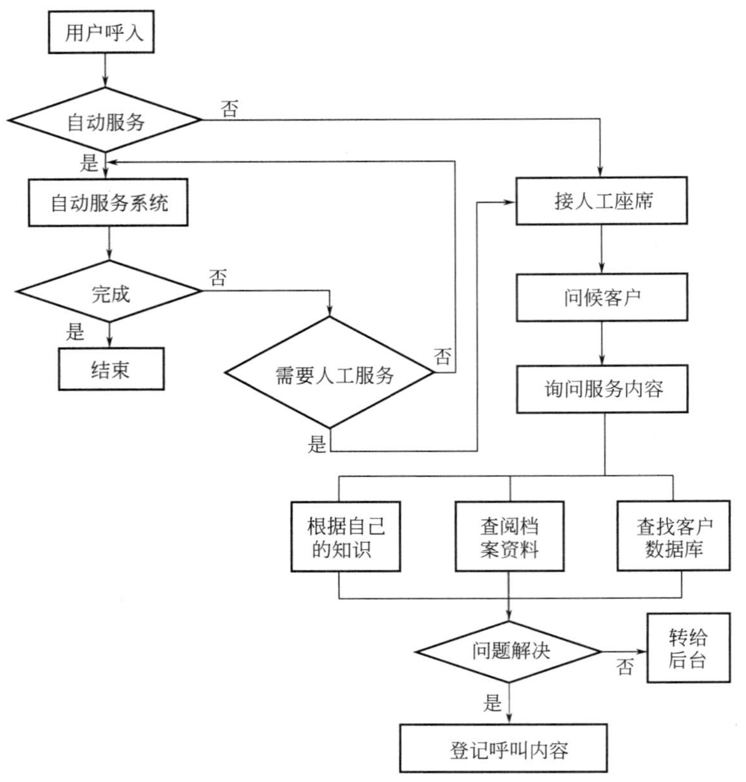

图 3—2　呼入电话处理流程

座席人员在处理呼入电话时应注意以下几个方面：

(1) 问候客户

座席人员首先报工号，并采用统一、礼貌的开场语。

(2) 询问服务内容

座席人员应掌握提问技巧，引导客户说出真实的服务需求，收集有效的咨询信息，并及时记录。

(3) 制定解决方案

座席人员在确认了客户的需求后，要尽量提出完整、精炼、双赢的解决方案，如果不能马上解决问题，在征得客户同意后，可转交相关部门解决。

（4）登记呼叫内容

座席人员对呼叫信息进行及时记录、保存，为客户服务工作的顺利开展提供依据。呼叫内容登记信息主要包括呼叫时间、客户基本信息、客户提出的问题、客户问题的解决方法、客户问题的解决结果、客户服务经验总结等。

2. 呼出电话处理流程

呼出电话处理流程如图 3—3 所示。

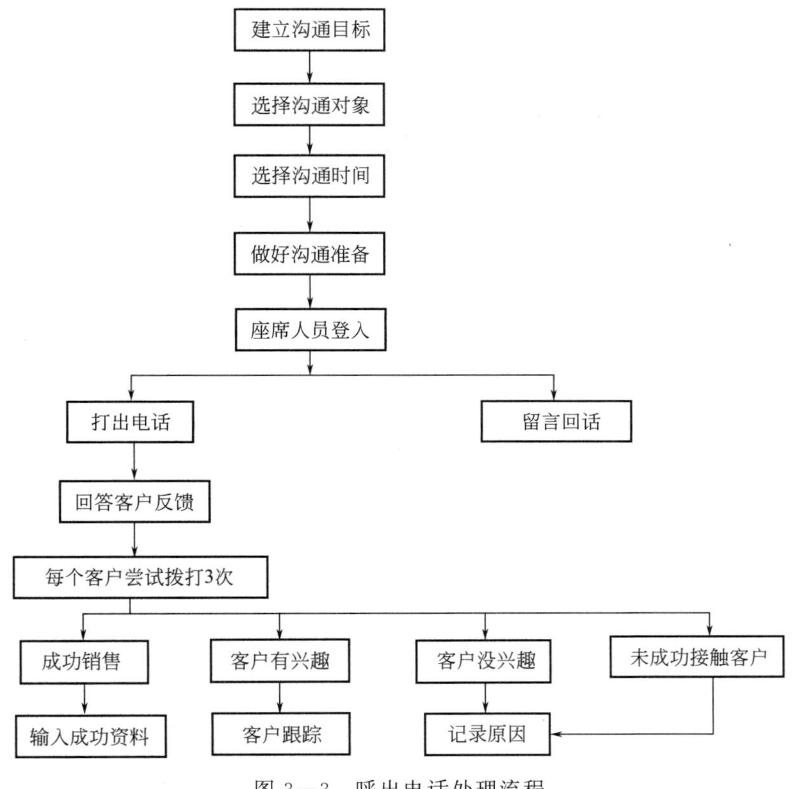

图 3—3　呼出电话处理流程

座席人员在处理呼出电话时，应注意以下几个方面：

（1）做好沟通前的准备工作

呼叫中心座席人员根据业务需要建立沟通目标，明确希望通过沟通要达到的目的，然后选择需要沟通的对象，并了解具体信息。

（2）电话沟通

根据呼出目标对客户进行电话销售与促销沟通，在电话沟通期间，座席人员必须及时、礼貌地解答客户的疑问。

（3）沟通结果存档

座席人员对呼叫沟通结果进行整理、归档，为呼叫服务质量的改进提供重要依据。

第三节 网络客户服务

一、物流企业网络客户服务业务内容

为充分运用网络资源，落实“以客户为中心”的经营理念，为客户提供更加人性化的服务，目前大多数物流企业都开展了网络客户服务业务，图 3—4 展示了某物流企业网络客户服务业务内容。物流企业网络客户服务业务内容一般包括订单查询、在线留言、信息发布、客户信息反馈处理、邮件处理及回复和订单处理等。

图 3—4 某物流企业网络客户服务业务内容

二、网络客户服务基本流程

网络客户服务基本流程如图 3—5 所示。客户登录网页即可使用在线客户服务系统，与客户服务人员进行实时交流，从而完成业务咨询、订单下达、订单查询、投诉等业务。客户服务人员则从后台登录，及时处理客户的留言，随时接受客户的在线提问，并办理相关业务。

使用网络客户服务系统处理客户的订单可以按照以下流程进行。

1. 客户网上下单

客户在网上下单的时候，网站会要求客户填写发货联系人、发货人电话、货物属性、收货人姓名、收货地址、收货人电话、运费结算方式等信息。

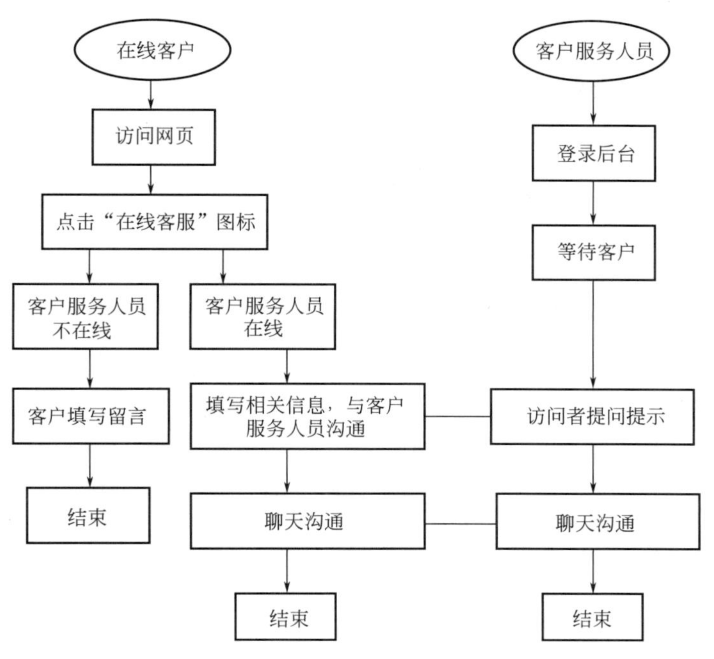

图 3—5　网络客户服务基本流程

2. 客户服务人员核单

（1）核单时间规定

客户晚上下单，第二天上班第一时间客户服务人员必须审核订单并与客户联系；客户白天下单，下单后半小时内客户服务人员必须审核订单并与客户联系。

（2）核单内容

客户下单后，客户服务人员会在客户服务系统看到客户所下订单。当看到有来自网站的订单后，客户服务人员需要对收到的订单进行相应的审核。

3. 与客户沟通

与客户沟通的目的是更正有问题的订单并最终确认下单。审核订单后，不论有无问题，客户服务人员都要打电话与客户沟通。如果订单有问题，则就问题进行沟通，如果订单无问题，则与客户确认安排提货。如果沟通后由于客户原因不能安排提货，则此订单作废。

4. 传递订单

与客户沟通后的订单就可以作为最终确认的订单交由业务部门处理。订单需要发

送给所属分拨中心调度人员，由调度人员安排调度并监督该订单的执行。

三、电子邮件处理与回复

1. 电子邮件的作用

电子邮件（E-mail）是用户或用户组之间通过互联网收发信息的服务，是一种网络用户之间快捷、简便、可靠且成本低廉的现代化通信手段，也是互联网上使用最多的服务之一。利用电子邮件进行沟通有方便、快捷、廉价、范围广、全天候的特点。它的主要作用有以下几个方面：

（1）利用电子邮件与客户建立主动的服务关系

物流企业可以主动向客户提供企业的最新消息，如企业新闻、新产品信息等，同时还可以获得客户需求的反馈，并将其整合到企业生产、销售、客户服务等系统中。

（2）利用电子邮件传递单证

为了方便客户，物流企业可以允许客户以电子邮件的方式将订单发送到企业邮箱，订购物流服务。除利用电子邮件下单外，客户还可以通过电子邮件进行业务咨询、价格咨询、投诉等。

（3）利用电子邮件处理客户投诉

客户还可以用发送电子邮件的方式对物流企业服务过程中的某些问题进行投诉。企业在收到邮件后，也可以用电子邮件的方式把处理意见反馈给客户，并且可以定期做回访，追踪整个事件的处理进程，体现客户关怀。

2. 电子邮件的使用

电子邮件是互联网上使用最频繁的现代通信手段之一。物流企业每天都会收到许多电子邮件，来自客户的电子邮件代表了客户的诉求。物流企业要利用电子邮件做好客户服务工作，就必须做好电子邮件的管理。

（1）电子邮件的分类管理

物流企业在客户服务中应将 E-mail 和 FAQ（Frequently Asked Questions，即常见问题解答）结合使用。对于常规问题，只要让客户在 FAQ 中查阅即可，应在企业的数据库中事先准备好常规问题的答案，以便迅速满足客户的需要；对于特殊问题，数据库还没有现成答案，需要物流企业有关部门派专人解决。

（2）自动回复

物流企业在接收到客户邮件信息后，可以采用自动回复，使客户放心，并说明电子邮件已经收到。

（3）主动为客户服务

物流企业应主动利用电子邮件给客户发送企业最新信息，增加客户对企业的了解。

3. 回复客户电子邮件的注意事项

（1）电子邮件地址（收件人）要确认准确。

（2）电子邮件主题应明确、简洁。

（3）电子邮件内容注意事项：称呼要使用敬语；开头进行简单的自我介绍；主题内容文字应力求简明扼要，并达到沟通效果；字体一般用宋体，字号一般为 10 磅；落款要清晰明了，并注明发信者的身份。

（4）发送给客户的电子邮件如果需要使用附件，要确保附件已经添加和上传。

（5）发送电子邮件后，重要的邮件要备份保存。

四、微信公众号的使用

随着物流行业信息化程度的提高，物流企业的业务场景主要集中在收派员与客户之间的面对面服务。微信公众号提供的智慧解决方案可以提升企业的数据挖掘营销能力和综合服务能力，见表 3—4。

表 3—4　　公众号在物流行业中的应用

传统方式	公众号方式
客户手填单据，费时费力	客户通过公众号下单，公众号自动记录收件人及发件人信息，方便快捷
客户不能及时获知派送进度	派送过程中的每一步分发均会通过公众号消息告知客户
使用现金支付运费，找零麻烦	使用微信钱包支付运费，不再担心忘带钱包，不再遇到找零麻烦
不同物流企业缺少差异化优势	通过线上数据积累及便捷服务等，有效培养客户习惯，增加客户黏性

1. 微信公众号快捷寄件

以某物流企业为例，可以通过微信扫描二维码进入该物流企业公众号，关注公众号，进入服务界面一键下单，即可完成寄件流程，如图 3—6 所示。

2. 微信支付运费

微信支付运费流程如图 3—7 所示。

图 3—6 微信公众号快捷寄件

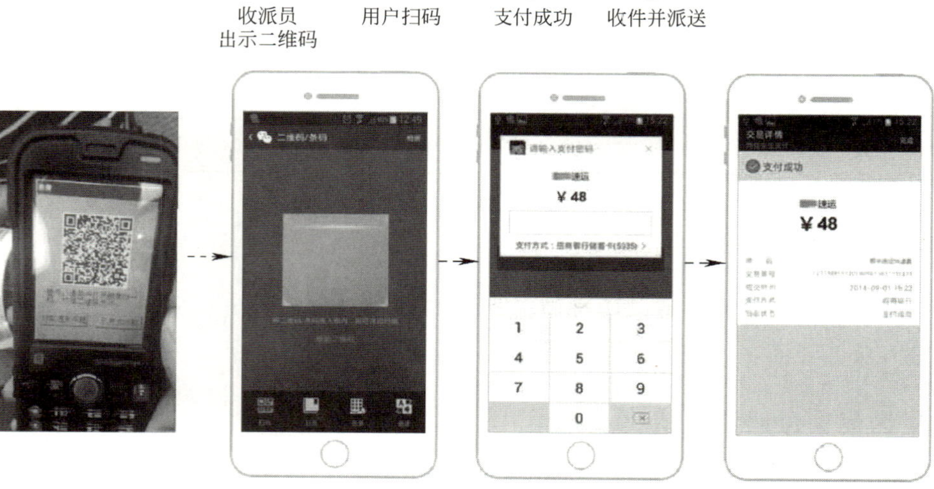

图 3—7 微信支付运费流程

3. 微信公众号延展功能

（1）通过微信公众号，客户可以随时随地查询以往订单信息。

（2）通过微信公众号，客户可以及时了解派送进程。

（3）在公众号下单后可以直接付款（因重量或体积超标导致运费超出订单金额，可补充支付剩余费用）。

思考练习题

1. 物流客户来访有哪些目的？
2. 物流客户来访接待有哪些注意事项？
3. 简述物流客户接待服务规范。
4. 呼叫中心在客户服务管理中起到什么作用？
5. 简述呼叫中心业务的常规操作流程。
6. 简述网络在线客户服务的基本流程。

第四章　物流客户投诉管理

【引导案例】

国家邮政局关于2018年8月邮政业消费者申诉情况的通告

2018年8月，国家邮政局和各省（区、市）邮政管理局通过12305邮政行业消费者申诉电话和申诉网站共处理消费者申诉119 942件。申诉中涉及邮政服务问题的5 135件，占总申诉量的4.3%；涉及快递服务问题的114 807件，占总申诉量的95.7%。

受理的申诉中有效申诉（确定企业责任的）为4 655件，比上年同期下降67.1%。有效申诉中涉及邮政服务问题的429件，占有效申诉量的9.2%；涉及快递服务问题的4 226件，占有效申诉量的90.8%。

消费者申诉均依法依规做了调解处理，为消费者挽回经济损失520.2万元。8月份，消费者对邮政管理部门有效申诉处理工作满意率为98.9%，对邮政企业有效申诉处理满意率为97.8%，对快递企业有效申诉处理满意率为98.1%。2018年8月消费者对快递服务问题有效申诉情况见表4—1。

表4—1　　2018年8月消费者对快递服务问题有效申诉情况

序号	申诉问题	总申诉件数	有效申诉件数
1	投递服务	30 461	1 639
2	快件丢失或短少	22 565	968
3	快件延误	26 435	736
4	快件损毁	16 842	520
5	收寄服务	4 809	173
6	代收货款服务	1 001	118
7	违规收费	3 213	57
8	其他	9 481	15

思考：消费者对快递服务申诉比较集中的问题有哪些？

第一节　物流客户投诉处理

物流客户投诉是指客户在办理物流业务或在接受物流服务的过程中，通过各种途径反映其对产品或服务不满，从而提出书面或口头上的异议、抗议、索赔，并要求解决问题和追究责任的行为。

物流企业不能阻止客户的投诉，客户的投诉源于其对企业的信任，企业只有妥善地处理和解决客户的投诉，才能使客户更加信赖物流企业。

一、物流客户投诉内容

客户投诉的内容因产品和服务的不同而不同，因承诺达到的标准不同而不同，主要包括以下几点。

1. 合同投诉

合同投诉是指订单没有按合同中所规定的数量、质量、规格、价格、时间、地点、方式等执行，给客户造成一定的影响和损失，客户依据合同提出投诉。因为有合同依据，合同投诉解决起来较为容易。物流企业若的确没有按合同规定提供产品或服务，应及时主动解决，不要等客户提出投诉后再解决。

2. 质量投诉

质量投诉主要因产品质量不好、规格不全、技术不符合标准、故障等原因引起。质量投诉的主要依据有国家标准、行业标准、协议约定标准等。

3. 服务投诉

服务投诉是指关于服务质量、态度、方式、技巧的投诉。

4. 物流环节投诉

物流环节投诉是指在物流服务过程中，因环节的衔接失误等因素造成商品损坏、遗漏，引起客户不满而导致的投诉。

二、物流客户投诉原因

物流客户投诉的原因可以归纳为结果不满和过程不满。

1. 结果不满

结果不满是指客户认为产品或服务没有达到他们的要求，没有产生应有的利益或价值，如购买的产品存在质量问题、飞机延误、货物包装破损、商品以次充好等。结果不满的关键特征是客户遭受了经济损失。

2. 过程不满

过程不满是指客户在购买产品或接受服务的过程中感受到不满意，如服务人员言行粗鲁无理、环境恶劣、送货不及时、搬运粗暴、手续烦琐、电话无人接听等。过程不满的关键特征是最终的结果虽然符合要求，但客户在购买产品或接受服务的过程中感觉受到了精神伤害。

在物流服务行业里，由于服务性产品的特殊性，服务结果和服务过程相伴而生，因此结果不满和过程不满往往很难分开，客户的投诉也往往是对结果和过程同时不满。

三、物流客户投诉分类

物流客户投诉主要分为产品质量类投诉和非产品质量类投诉两类，具体见表4—2。

表4—2　　物流客户投诉的分类

级别	产品质量类投诉	非产品质量类投诉
一般投诉	发生小故障，造成一定的经济损失	给客户带来不便，造成一定的经济损失
特别投诉	由于产品性能发生大的故障，给客户带来巨大的经济损失；出现人身危害的情况；存在发生大量故障的隐患	与法律法规相冲突，引发巨大经济损失，造成客户的强烈不满
其他投诉	客户的过度期望或错误认识引发	超出企业的承诺范围

四、物流客户投诉处理原则

1. 虚心接受客户投诉，耐心倾听对方诉说

客户只有在利益受到损害时才会投诉，客户服务人员要专心倾听，对客户表示理解，并做好记录。待客户叙述完后，客户服务人员应复述其主要内容并征询客户意见。对于能立即解决的投诉，客户服务人员应马上答复客户；对于当时无法解决的，要做

出时间承诺。在投诉处理过程中无论进展如何，到承诺的时间一定要给予客户阶段性答复，直至问题解决。

【知识链接】

如何应对三种特殊客户的投诉

1. 固执己见者。碰到这样的客户，客户服务人员先表示理解，然后力劝客户站在互相理解的角度来看问题，并耐心解释所提供的处理方案。

2. 感情用事者。碰到这样的客户，客户服务人员务必保持冷静、镇定，让其发泄，仔细聆听，并表示理解，尽力安抚，告诉客户一定会有满意的解决方案，语气谦和但有原则。

3. 有备而来者。碰到这样的客户，客户服务人员要谨言慎行、充满自信，明确表示解决问题的诚意。

2. 设身处地，换位思考

当接到客户投诉时，客户服务人员要有换位思考的意识，如果是本方的失误，首先要代表企业向客户道歉，并站在客户的立场上为其设计解决方案。同一个问题可能有三到四套解决方案，可将自己认为最佳的一套解决方案提供给客户，如果客户提出异议，可再换另一套解决方案，待客户确认后再实施。当问题解决后，至少还要有一到二次征求客户对该问题的处理意见，并争取下一次的合作机会。

例如，某货运公司的甲、乙两名销售人员分别有一票FOB报价的货物，均配载在D轮从青岛经釜山转船前往纽约的航次上。开船后第二天，D轮在釜山港与另一艘船相撞，造成部分货物损失。接到船东的通知后，两位销售人员的解决方法如下：销售人员甲马上向客户催收运杂费，收到费用后才告诉客户有关船损一事；销售人员乙马上通知客户事故情况并询问该票货物是否已投保，积极协调承运人查询货物是否受损并及时向客户反馈，待问题解决后才向客户收费。

结果：甲的客户货物最终没有损失，但在知道真相后，对甲及其公司表示不满并终止合作。乙的客户事后给该公司写来了感谢信，并扩大了双方的合作范围。

【知识链接】

FOB的含义

FOB（Free on Board）中文意思是船上交货，习惯称为装运港船上交货。在FOB项下，卖家要在合同约定的日期或期限内将货物运送到合同规定的装运港口，并装载到买方指派的船只上，即完成其交货义务。

3. 承受压力，用心去做

当客户的利益受到损失时，着急是不可避免的，甚至会有一些过度的要求。客户

服务人员此时应能承受压力，并用专业的知识、积极的态度解决问题。

例如，某货运公司接到国外代理指示，有一票货物从国内出口到澳洲，发货人是国内的 H 公司，货运公司的业务人员 A 与 H 公司业务人员 D 联系订舱并上门取报关单据，D 因为自己有运输渠道，不愿与 A 合作，而操作过程中 D 又因航班延误等原因对 A 出言不逊，不予配合。此时，A 冷静处理，将 H 公司当重要客户对待。此后，D 丢失了一套结关单据，A 尽力帮其补齐。最终，A 以自己的服务、能力赢得了 D 的信任，同时也得到了 H 公司的信任，使两家公司合作领域进一步扩大。

4. 有理谦让，处理结果超出客户预期

客户服务人员接到客户投诉后要用积极的态度去处理，不应回避，并主动与客户沟通，让客户了解每一步进程，争取圆满解决并使最终结果超出客户的预期，让客户满意，从而在处理投诉的同时抓住下一次商机。

例如，C 公司承揽一票 30 标准箱的海运出口货物由青岛运到日本，由于轮船爆舱，在不知情的情况下被船公司甩柜。发货人知道后要求 C 公司赔偿因延误运输而产生的损失。

C 公司首先向客户道歉，然后与船公司交涉，经过努力，船公司同意该票货物改装 3 天后的班轮，考虑到客户损失，将按 8 折收取运费。

C 公司经理还邀请船公司业务经理一起到客户处道歉，并将结果告诉客户，最终得到谅解，该纠纷圆满解决。货主方经理非常高兴，并表示：“你们在处理纠纷的同时，进行了一次非常成功的营销活动。”

【知识链接】

甩柜和爆舱

甩柜是进出口、海运物流等行业常用的术语。在海运旺季，由于货物量较大、舱位有限，船公司为保证船能满载，开始往往确认满载量 120％的货物能够按时运输。而一旦出现舱位不够，即海运界所谓的爆舱，船公司就会拒绝 20％左右运费较低、与其关系一般的托运人的货物装船，将这些货物转到下一个或几个航次运输，而船公司对此不负任何责任。

5. 长期合作，力争双赢

客户服务人员在处理投诉和纠纷的时候，一定要将长期合作、共赢、共存作为一个重要前提，以下技巧值得借鉴。

（1）学会识别、分析问题。

（2）要有宽阔的胸怀、敏捷的思维及超前的意识。

（3）善于引导客户，共同寻求解决问题的方法。

（4）具备本行业丰富的专业知识，随时为客户提供咨询。

（5）具备财务核算意识，始终以财务的杠杆来协调收放的力度。

（6）有换位思考的意识，勇于承担自己的责任。

（7）处理问题时留有回旋的余地，任何时候都不要将自己置于险境。

（8）处理问题时要学会把握商机，通过与对方的合作达到双方共同规避风险的共赢目的。

此外，客户服务人员应明白自己的职责，首先解决客户最想解决的问题，努力提升在客户心目中的地位及信任度，正确运用专业知识和企业政策，最终达到客户与企业都满意的结果。

五、物流客户投诉处理流程

一般情况下，物流客户投诉处理流程如图 4—1 所示。

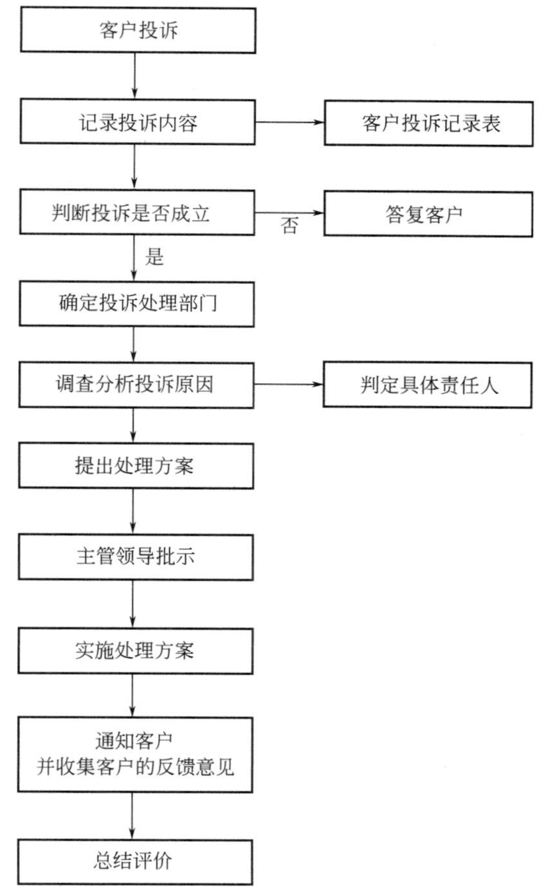

图 4—1　物流客户投诉处理流程

1. 记录投诉内容

客户服务人员在接到客户投诉时，应耐心聆听客户的陈述，了解事件的真实情况，并利用客户投诉登记表详细记录客户投诉的全部内容，如投诉人、投诉时间、投诉对象、投诉要求等。

2. 判断投诉是否成立

客户服务人员在了解客户投诉的内容后，要先确定客户投诉的类别，再判定客户投诉的理由是否充分，投诉要求是否合理。如果投诉不能成立，可以用委婉的方式答复客户，以取得客户的谅解，消除误会。

3. 确定投诉处理部门

如果客户的投诉是有效投诉，客户服务人员必须迅速依据客户投诉的内容，确定相关的具体受理单位和受理负责人。

4. 调查分析投诉原因

客户服务人员应依据实际情况，参照客户投诉要求、投诉要点，查明客户投诉的具体原因及造成客户投诉的具体责任人。

5. 提出处理方案

客户服务人员应根据实际情况，参照客户的投诉要求，给出解决投诉的具体方案，如退货、换货、赔偿等。

6. 主管领导批示

针对客户投诉问题，主管领导应对投诉的处理方案一一过目，并及时做出批示，根据实际情况，采取一切可能的措施，尽力挽回已经出现的损失。

7. 实施处理方案

处理方案经主管领导批复后，客户服务人员应及时通知客户并付诸实施，收集客户的反馈意见。对直接责任者和部门主管要根据有关规定做出处罚，对不及时处理问题而造成延误的责任人也要追究相关责任。

8. 总结评价

客户服务人员应对投诉处理过程进行总结与评价，吸取经验教训，并提出改善对策，帮助相关部门在以后的工作中采取一定的预防措施，不断完善企业的经营管理和业务运作，提高客户服务质量和服务水平，防止类似投诉再次出现。

第二节 物流服务事故管理

一、物流服务事故分类

物流服务事故是指从受理委托起至送达客户签收止，物流服务期间发生的延迟交货、货物损毁和丢失及未按约定履行服务义务而造成的损失。

根据不同的依据，物流服务事故可以按以下几种分类方式进行分类。

1. 按性质分类

按性质不同，物流服务事故可分为晚点事故、破损事故和丢失事故。晚点事故是指委托货物迟于约定的到达时间交货。破损事故是指委托货物在承运期间发生的外包装变形且内物损坏。丢失事故是指委托货物在承运期间发生丢失。

2. 按保险与否分类

按保险与否，物流服务事故可分为保险理赔事故和非保险理赔事故。保险理赔事故是指货物托运人已声明价值、缴纳相应的保费并委托承运人担保，可以进入保险理赔程序的物流服务事故。非保险理赔事故是指货物托运人自行投保，或未委托承运人投保并未声明货物价值且未缴纳保费的物流服务事故。

3. 按损失的金额分类

按损失的金额不同，物流服务事故可分为一般事故、重大事故和特大事故。货损、丢失为5 000元（含）以下，晚点责任为1 000元（含）以下的，称为一般事故。货损、丢失为5 000～20 000元（含），晚点责任为1 000～6 000元（含）的，称为重大事故。货损、丢失为20 000元以上，晚点责任为6 000元以上的，称为特大事故。

4. 按责任分类

按责任不同，物流服务事故可分为第三方原因事故和企业内部原因事故。委托航空、铁路、零担企业和其他承运商承运货物造成的物流服务事故，称为第三方原因事

故。受理不当、货物滞留、晚发、派送不及时、不合理包装和装卸、盗窃、丢失，以及取送货不及时、服务态度恶劣等造成的物流服务事故，称为企业内部原因事故。

二、物流服务事故处理方法

1. 致歉

物流企业可以根据客户的要求、投诉信和索赔函等及时给客户发致歉函，内容包括调查情况、赔偿标准、赔偿原则和整改措施等。

2. 依约赔偿

依约赔偿是指物流企业确认事实后，按照合同约定及时对客户进行赔偿。

3. 保险理赔

如果物流服务事故涉及的订单已经委托保险公司投保并且保险关系成立时，物流企业应及时通过保险公司进行理赔。即物流服务事故发生后，物流企业要及时采取书面或电话方式向保险公司报险，并填写索赔表，提交事故报告、工作单正本、运单原件、责任方答复及其他往来函的正本、发票复印件等，办理理赔手续。

4. 向第三方索赔

如果物流服务涉及订单是物流企业委托第三方承运的，物流企业要凭与第三方的委托证明、合同和破损证明向第三方索赔，并可按照合同约定在运费中抵扣。

5. 诉讼

物流服务事故协调过程中，如果双方当事人无法达成一致，都可以采取诉讼的方式来解决。一般来说，委托客户拖欠运费难以协调的，要上报企业法务人员先出具律师函，没有效果则搜集证据起诉对方。另外，委托客户就某一物流事故对物流企业的赔偿方案有异议时，也可能会采取诉讼的方式，物流企业应积极收集免责证据准备应诉。

6. 保险代位求偿权

保险代位求偿权又称保险代位权，是指保险标的遭受保险事故造成的损失，依法应由第三者承担赔偿责任时，保险公司自支付保险赔偿金之日起，在赔偿金额的限度内，相应地取得向第三者请求赔偿的权利。保险代位求偿权成立要件一般如下：

(1) 保险人因保险事故对第三者享有损失赔偿请求权

首先，保险事故是由第三者造成的；其次，根据法律或合同规定，第三者对保险标的的损失负有赔偿责任，保险人对其享有赔偿请求权。

(2) 保险标的损失原因属于保险责任范围，即保险人负有赔偿义务

如果损失发生原因属于除外责任，那么保险人就没有赔偿义务，也就不会产生保险代位求偿权。

(3) 保险人给付保险赔偿金

对第三者的赔偿请求权转移的时间界限是保险人给付赔偿金，并且这种转移是基于法律规定，不需要被保险人授权或第三者同意，即只要保险人给付赔偿金，赔偿请求权便自动转移给保险人。

【知识链接】

某物流企业的理赔服务公约

1. 理赔范围界定

(1) 赔偿范围

赔偿范围是指在承运托运人托运的货物至收货人签收货物这段时间内，因操作不当等原因导致货物破损、潮湿、污染、短少、冒领及丢失。在赔偿范围内的货物出现了问题可以申请赔偿；但由于客户原因或网点原因导致运单声明价值与系统保价不符的，仅按照系统保价数据做相应赔付，其他部分损失不予理赔。

(2) 不予赔偿范围

在任何情况下，我公司不对网点托运的“不承保货物”的损失进行认定和赔付。

2. 货物出险操作流程

(1) 派件网点流程

系统录入异常签收，系统短线通知发件网点，协助发件网点收集理赔所需资料。

(2) 发件网点流程

收到派件网点异常信息后及时在系统登记投诉，待审批通过后联系客户收集理赔相关资料并申请理赔，在3个工作日内将资料发给总部理赔人员。

3. 理赔资料提交规范

(1) 货物破损事故提交资料

索赔申请书、运单原件、货物价值证明、申请人身份证复印件、损失清单（以上材料均需我公司盖章确认）、货损照片（系统问题件图片上传），3个工作日内送至理赔专员处。

(2) 货物遗失事故提交资料

索赔申请书、运单原件、货物价值证明、事故说明书及损失清单（以上材料均需我公司盖章）、承运车辆行驶证和驾驶员驾驶证复印件、事故照片和货损照片/公安机

关受理证明、收货人提供未收到货的证明，3个工作日内送至理赔专员处。

三、物流服务事故申报程序

以某物流企业为例，出现服务事故后必须在30分钟内报告本单位负责人并进行初期处理，预计损失较大的（超过1 000元）要及时申报上一级管理部门，预计损失超过1万元的要向总公司监察部门申报，基本程序如下。

1. 当事人（本公司员工）在第一时间（指事故发生后5分钟内）将基本情况汇报给所属单位负责人，主要内容包括事发地点、时间、原因、所涉及的人员姓名、所属单位、货物的数量（件数）、重量、货主单位、收货人名称和地址，以及人员、车辆和货物的初步损失情况等相关内容。

2. 各单位负责人首先要对事故进行初步评估和判断，并及时反馈出港方。

3. 发生重大事故时，单位负责人要立即亲自赶赴事故现场，拍摄照片，收集现场材料，控制事态，处理紧急问题。

4. 直接当事人要立即报案并及时取得第三方证明材料。例如，货物丢失的，不论是在库房丢失还是运输工具上丢失，都必须迅速到案发地公安机关报案；涉及交通事故的，必须取得交通部门的事故证明；委托第三方承运的，必须得到第三方承运人的货物运输事故证明。直接当事人还应采取措施控制事态发展，同时上报本单位或上一级管理部门。

5. 保险事故发生24小时内，直接当事人必须与理赔部门取得联系，协助理赔部门取得相关证明。

6. 总公司、各分支机构及法律顾问在重大事故处理期间将进行具体指导，但在无任何授权的情况下，各分支机构无权对事故当事人、其他相关单位、新闻界发表任何承诺或与其签订任何协议。

7. 发生物流服务事故并产生纠纷时，如果属于统一结算的大客户，事故当事人要在24小时内通知总公司客户服务部门，由总公司客户服务部门视情况决定是否通知其他分支机构全面停止与该客户的合作，以免增加费用损失。

8. 事故处理结束后，责任公司应对事故进行全面评估（事故严重性、损失情况、对公司产生的各种影响），并提出善后解决方案，特殊情况需上报总公司相关部门。

9. 异地调货的物流服务事故由委托方负责调查取证并依据相关规定对客户进行赔偿；委托方赔偿后向责任公司进行追偿，追偿无果可报总公司客户服务部门申请仲裁。

常见物流服务事故处理的相关表格见表4—3、表4—4和表4—5。

表 4—3　　物流服务事故经过报告表

日期：

工作单号		分支机构		当事人	
客户名称		事故时间		事故原因	
事故经过					
事故发生后采取的措施					
货损状态描述					

当事人签字：　　　　　　　　分支机构盖章：

注：此表用于向保险公司索赔。

表 4—4　　货损、丢失理赔事故登记表

编号：

事发地分支机构		工作单号	
总公司保险理赔处		事故调查时间	
事故经过			
事故责任调查情况			
分支机构理赔意见			
营销部门意见			
质控部门处理措施			
操作部门处理措施			

表 4—5　　案件上报表

原告	被告	案由	涉及金额	案情简述	进展情况

【知识链接】

某物流企业物流服务事故处理方案

1. 物流服务事故处理要求

（1）接到客户来电，不管是否有处理结果，一定在 2 小时内给客户回电说明进展情况。

（2）查询货物应时时跟踪，遇疑难件，跟踪至签收为止。

(3) 一旦与客户就赔付数额达成一致意见，应及时请款处理，务必5个工作日内打款完毕。

2. 物流服务事故类型的判定标准

物流服务事故类型的判定标准见表4—6。

表4—6　　物流服务事故类型的判定标准

物流服务事故类型	要点	赔付条件	处理标准	赔付标准	要求
晚点	超出希望送达时限	派送签收时间在送达时限后（向客户承诺的时限）	1. 核实系统送达时限与箱单送达时限 2. 可告知客户如果晚点，会进行晚点赔付，但不说明具体赔付金额	1. 延误一天减免10%的运费，最高减免40% 2. 彻底延误7个工作日以上，运费较少时，可视情况通融赔付	货物未签收之前不允许进行晚点赔付（返货也如此）
丢失	发出货物品名、件数与收到货物不一致；收货人本人或代理人未签收到货物	1. 发出货物件数、品名与收货人收货数量、品名不一致 2. 系统记录签收，而收货人或其代理人未签收到货物 3. 超出送达时限7个工作日未派送到者视为丢失 4. 以最后一个出库时间为准，10个工作日内再无入库信息者 5. 以上条件需在未签收前发生	1. 清点件数、复称重量，与系统及箱单进行核对，不符者按丢失进行处理 2. 虚假签收的，与派件员及派送站点进行核实，并与箱单进行核对	1. 有保险/保价者走保险理赔程序 2. 未保险/保价者按最高不超过运费3倍进行赔付 3. 网络交易根据交易截屏进行赔付，参考丢失赔付最高不超过1 000元 4. 视具体情况通融	箱单、系统进行核对
破损	货物损毁，影响使用与销售	1. 部分零件损毁，受污染，影响使用 2. 食品腐烂 3. 外包装破损 4. 以上条件需在未签收前发生	破损照片、箱单上注明、系统异常录入	1. 有保险/保价者走保险理赔程序 2. 未保险/保价者，视货物破损情况，按最高不超过运费3倍进行赔付 3. 网络交易根据交易截屏进行赔付，破损赔付最高不超过300元 4. 视具体情况通融	务必有现场电话投诉、箱单注明

3. 破损与丢失类事故处理思路

（1）破损

1）了解破损程度并征求客户意见，确定是继续安排派送还是操作返货，赔付标准根据货物破损情况进行确定。

2）客户收到破损货物时，可以安排客户先收货，让客户看到货物破损情况，征求客户意见，如果维修，则由公司承担维修费用（客户提供维修发票），如果客户不同意维修，则根据破损情况与客户洽谈理赔事宜。

3）由于公司原因造成破损要操作返货的，返货运费由公司承担。

（2）丢失

1）在未保险情况下，丢失货物价值较高的，可让客户提供价值证明后在标准赔付的基础上再进行适当通融赔付，并且在沟通时，最好能了解到货物的具体型号。

2）由于部分货物丢失要操作返货的，返货运费由公司承担。

4. 晚点投诉处理标准

晚点投诉处理标准见表4—7。

表4—7　　晚点投诉处理标准

<table>
<tr><th>晚点类型</th><th>指令来源</th><th>处理责任人</th><th>处理标准</th><th>处理时限</th></tr>
<tr><td>取货晚点</td><td rowspan="7">查询、投诉人员</td><td>分支机构经理</td><td>在规定时限内取件并当场向客户致歉</td><td>1小时内</td></tr>
<tr><td>出港晚点</td><td>操作主管</td><td>落货、晚发，以最快方式出港</td><td>1小时内回复客户具体发货时间</td></tr>
<tr><td>中转晚点</td><td>操作主管</td><td>落货、晚发，以最快方式中转</td><td>1小时内回复客户具体中转时间</td></tr>
<tr><td>派送晚点</td><td>分支机构经理</td><td>在客户要求的合理时限内派送</td><td>操作范围内，一个工作日派送，超区可延长一个工作日</td></tr>
<tr><td>返货晚点</td><td>分支机构经理</td><td>收到返货指令，以最快方式操作返货</td><td>当日操作返货</td></tr>
<tr><td rowspan="2">返款晚点</td><td>结算人员</td><td>按照合同规定的时限返款</td><td>1小时内回复客户具体返款时间</td></tr>
<tr><td>客户服务部门主管</td><td>与客户达成一致后，当日请款</td><td>1小时内回复客户具体打款时间</td></tr>
</table>

四、各类服务事故处理话术标准及技巧

1. 晚点事故

(1) 案例 1

客户：我的货都交给你们 10 多天了，怎么还没有到目的地?

客户服务人员：尊敬的×先生/女士，您好，这一票货物的延误确实是我公司造成的，您放心，我会安排相关部门以最快的方式将您的货物送达目的地，对于我们的失误，我们向您表示歉意，请您谅解，如果您还有别的需要，可以随时联系我们。

(2) 案例 2

客户：都 5 天了，我的货怎么还没送到?

客户服务人员：尊敬的×先生/女士，您好，您的这一票货物由于天气原因未及时配上航班/铁路/物流，我会马上为您协调处理，并以最快的方式将您的货物送达目的地，您看还需要我们为您做些什么?

(3) 案例 3

客户：我的货为什么还未送到? 收货人是我的老客户，都说不要了。

客户服务人员：尊敬的×先生/女士，您好，由于我公司的延误给您和您的客户造成了不便与误解，我代表公司向您道歉，您看是否方便由我公司亲自向您的客户进行解释?

(4) 案例 4

客户：我的货都到目的地了，怎么还不给我送货?

客户服务人员：尊敬的×先生/女士，您好，您的货物由于天气/车辆故障/人手不足的原因未及时派送，这确实属于特殊情况，请您多多谅解，我们会尽快排除困难将货物送达，您看还需要我们为您做些什么?

(5) 案例 5

客户：说好今天来送货的，怎么还不送来呢? 我马上要出门了。

客户服务人员：尊敬的×先生/女士，您好，实在不好意思，今天我们公司的派送量确实很大，我们已经多次催促派件员了，请您再多等一会好吗? 我再帮您沟通一下，尽快给您送过去，给您带来不便，我公司深表歉意。

(6) 案例 6

客户：都一星期了才把货物给我们公司送过来，我被领导批评了，你们要赔偿我的经济损失。

客户服务人员：尊敬的×先生/女士，您好，由于我公司的延误给您造成了损失，我们会按照公司的规定免除您的运费，但您提出的赔偿要求我公司确实无法承担，对于我公司延误给您带来的不便，我们将以最真诚的书面致歉的方式向贵公司表示歉意，您看可以吗？

（7）案例7

客户：我的货物本身是走不了航空运输，但是你们答应我3天送到的呀，你现在告诉我预计再过3天才能到，你们的诚信呢？我要投诉！

客户服务人员：尊敬的×先生/女士，您好，很抱歉，这一票货确实是走不了航空运输，只能安排其他的方式发货，对于货物的延误，我们向您致歉。您看这样好吗，我们会随时跟踪货物情况，并第一时间安排派送，一旦有问题我们及时联系您。

（8）案例8

客户：为什么一票货物中的几件货物会分开来派送？

情况一：货物已到进港方营业所，一部分已派送，另一部分还在营业所未出库。

客户服务人员：尊敬的×先生/女士，您好，非常抱歉，因为车辆空间有限，一次装不了那么多货物，担心您着急使用，所以先期给您派送过来一部分，其余的我们也会尽快给您安排派送。

情况二：一部分货还在出港方未出库，一部分已经到达进港方。

客户服务人员：尊敬的×先生/女士，您好，非常抱歉，因为我公司配载落货调度的原因，给您造成了不便，现在我会马上联系出港方帮您安排尽快将货发出，并告诉您最快什么时间送到，可以吗？

2. 破损事故

（1）案例9

客户：我的香水是你们给包装的，结果我收到的时候香水瓶就全碎了，香水洒了一箱子，怎么赔偿我？

客户服务人员：尊敬的×先生/女士，您好，您的货物损失确实是由于运输不当造成的，我公司会马上为您协调处理好，并将货物的赔偿金全部支付到您的账户，对于给您带来的不便，我代表公司向您表示歉意。

（2）案例10

客户：我今天收到吹风机了，结果派送人员走后，我打开包装发现吹风机已经挤碎了，你们怎么赔偿我？

客户服务人员：尊敬的×先生/女士，您好，您的货物为正常签收，且当场未提出异议，视为我公司已完成投递服务，此后发生的货物破损问题，责任无法界定，因此无法赔付，请您理解，也建议您以后收货时务必当场开箱验货。

（3）案例11

客户：我的手机送过来时屏幕碎了，怎么赔偿我？

客户服务人员：尊敬的×先生/女士，您好，您的货物已经购买保险，货损原因也确实在我方，故我们会及时收集资料，为您的货物走保险理赔程序，同时也请您积极配合我们的工作，我们会和您保持联系。

（4）案例12

客户：我包装好的货物交给你们运输，朋友收到后当场验货，发现货物已经破损，但纸箱还好好的，你们怎么赔偿我？

客户服务人员：尊敬的×先生/女士，您好，您交给我们运输的货物是自行包装的，在外包装完好的情况下内物破损，说明内物包装不合格，正常我们是不予赔偿的，但是由于您是当场验货时发现问题，我公司仍然会从客户利益的角度考虑并按照公司规定积极为您处理，并尽量使您满意。

3. 丢失事故

（1）案例13

客户：我花钱请你们寄个东西，快递员竟然告诉我弄丢了，你们得赔偿我！

客户服务人员：尊敬的×先生/女士，您好，您的货物确实是由于我公司操作不当丢失的，我们会马上进行赔偿，赔偿金额会在三天内汇入您的账户，对此造成的不便，我们深表歉意，如果还有什么需求请和我们联系，我们会尽全力满足您的要求。

（2）案例14

客户：我给朋友寄个手机，今天快递员说给弄丢了，我要投诉。

客户服务人员：尊敬的×先生/女士，您好，您的货物是由于航空/铁路/零担第三方操作失误丢失，我们会马上为您处理，及时取得丢失证明，为您的货物做赔偿处理/走保险程序。对于这种情况的发生，我们深表歉意，我们会规范公司的服务，并希望下次为您提供更好的服务。

（3）案例15

客户：我的货都寄出半个月了对方还未收到，是不是弄丢了，或是你们内部人员给偷走了。

客户服务人员：尊敬的×先生/女士，您好，对您所反馈的问题，我公司一定马上为您处理，并对相关人员进行核查，我公司库房为计算机实时监控，物流车辆都是全程封闭挂签管理。请您放心，我们一定会给您一个满意的答复。

4. 服务态度方面

（1）案例16

客户：你们的快递员素质太差了，到货后告诉我让我自己去拿，不拿就退回。

客户服务人员：尊敬的×先生/女士，您好，首先对我们服务不到位的地方，我们深表歉意，请您多多谅解，我们会安排重新为您派送货物并送货上门，希望得到您的支持和谅解。

（2）案例 17

客户：你们公司 3027 号员工的态度太差，刚才骂我并挂断我电话，我要求他向我道歉。

客户服务人员：尊敬的×先生/女士，您好，我马上为您进行查询处理，如果确实像您说的那样，我们公司会责令员工亲自向您道歉，对此造成的不便，我在这里向您道歉，请多多包涵。

（3）案例 18

客户：我要投诉，快递员说好给我送到家的，结果要让我到很远的自提点去取货。

客户服务人员：尊敬的×先生/女士，您好，首先对您投诉的我公司人员服务不到位的事情，我们向您表示歉意，如果是市区里面，我们是有义务送货上门的，如果非市区内，就得麻烦您亲自去取了，不管哪种情况，也是我们没有向您说明清楚，要向您表示歉意。

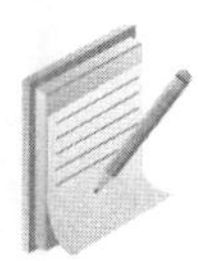

思考练习题

1. 物流客户投诉的原因有哪些？

2. 物流客户投诉处理的原则有哪些？

3. 正常的投诉处理流程包括哪些步骤？

4. 物流服务事故常用的处理方法有哪些？

5. 假如有一位客户因为收到货物时发现货物发生损坏而向物流企业投诉，请展示解决投诉的整个过程。要求：5 人一组，按照流程需要分别扮演客户、送货人员、客户服务人员、技术支持人员、投诉管理人员，在班级内进行模拟情境表演。

第五章　物流客户关系运营

【引导案例】

电子商务“消费人群”分级大作战

2018 年，电子商务行业的竞争已发生非常大的变化。服务“五环外人群”的拼多多、定位于小资人群的网易严选、圈地中小城市有一定消费能力人群的爱库存，与强调垂直属性的前辈相比，这些新崛起的电子商务平台从诞生开始，就张贴着很明显的“人群属性”标签，但在经营品类上却没有明显的分类痕迹。所以，与其说 2018 年的电子商务江湖变了，其实本质不过是经济发展赋予了不同的人群不同的消费习惯，摸准门道的电子商务新秀们开启了电子商务“消费人群”分级大作战。

1. 成也便宜、败也便宜的拼多多

真正让业界意识到电子商务行业竞争变化的是拼多多，拼多多以低价的优势迅猛增长，成立不过三年就赴美上市。

2018 年 9 月，一个名为“品牌馆”的栏目悄然出现在拼多多首页，共入驻数百个品牌，其中包括安踏、耐克乃至五粮液等中高端品牌。只是这些品牌上架的产品要么销量低，要么只是上架低端品类。以阿迪达斯为例，品牌馆内销量排名第一是 6.2 万件的 99 元短袖 T 恤，而排名第七的 119 元短袖 T 恤的销量直接下降到 277 件。而且，阿迪达斯的产品在拼多多上的销量与价格呈反比，比如价格在 300～400 元的产品的销量往往只有几十件。可见，拼多多强行为其客户推荐高端品牌，结果自然不能让人满意。

2. 线下布局实体店的网易严选

在整个 2018 年的电子商务江湖里，网易严选同样是值得大书特书的“新秀”。网易严选其实早在 2016 年就已出现，是国内首家 ODM（原始设计制造商）模式的电子商务平台。网易严选的目标用户为追求生活品质且价格适中的小资文艺青年，因此，自诞生之初就被人拿来同小资人群钟爱的无印良品进行比较。

2018 年 12 月 18 日下午，网易严选在杭州举办首家线下实体店开业仪式，冷色调、极简风格的门店让人丝毫不意外，毕竟它主打的人群是追求生活品位的小资文艺青年。

网易严选布局线下实体店意义重大，毕竟文艺情怀这种东西在呈现形式极大被局限的 PC 网页和手机 APP 上很难做得精彩。那么精心打造一家能够彰显自然、简约、质朴生活方式的线下实体店就是必然的方向。

3. 社交电子商务新秀爱库存专注清库存

成立不久的爱库存同样是2018年颇有亮点的电子商务后起之秀。作为众包分销平台，爱库存有效利用社交平台的隐蔽性，为品牌商搭建了一个不会冲击其传统价格体系的新销售渠道，其目标用户是散布在三、四、五线城市有一定消费能力的人群。

爱库存深入挖掘社交平台商业潜力，为品牌方提供最适合的处理特价商品与库存分销方案。目前爱库存旗下拥有60万个分销商，能够实现“5天入驻，7天回款”，帮助品牌方快速回笼资金，进一步吸引更多品牌。目前爱库存已有5 000多家品牌入驻，涵盖鞋服、母婴、小家电、食品、美妆等品类，包括耐克、森马、施华洛世奇等国内外知名品牌。

虽然成立不过一年多的时间，因满足了腰部人群对低价品牌商品的真实需求，爱库存得以在社交平台上快速裂变成长。

思考：消费群体的准确定位对于电子商务企业运营有怎样的影响？物流企业应从中汲取怎样的经验？

第一节　物流客户分级管理

一、客户分级管理的原因

1. 不同客户带来的价值不同

1897年，意大利经济学家帕累托发现经济及社会生活中无所不在的“二八法则”，即关键的少数和次要的多数，比例为2∶8，也就是说，80%的结果往往源于20%的原因，这就是帕累托定律。

对于物流企业来说，就是物流企业80%的收益总是来自20%的高贡献度客户，即少量的客户为物流企业创造了大量的利润，其余80%是微利、无利甚至负利润客户。

【知识链接】

美国大通银行客户分级标准

蓝色客户：这类客户每年能为银行提供500万美元综合效益或300万美元中间业务收入。

绿色客户：这类客户每年能为银行提供300万美元综合效益或100万美元中间业务收入。

红色客户：这类客户需求比较单一，带给银行收入少，但却是银行的忠实客户。

转移客户：这类客户需求复杂，却基本不能给银行带来很大利润。

清退客户：这类客户不能给银行带来利润，甚至会导致银行亏损。

2. 企业有限的资源不能平均分配

任何一家企业的资源都是有限的，把企业资源平均分配给不同价值的客户的做法既不经济，也会引起大客户的不满。

3. 客户分级是客户沟通、客户满意的基础

想要进行有效的客户沟通并实现客户满意，应当根据客户的不同价值采取不同的沟通策略。一般来说，处于顶端的约20%的客户为企业创造了80%的利润，支撑着企业的运营，已经成为众多竞争者锁定的稀缺资源，如果企业能够找出这些客户，并把更多资源用于为他们提供优质的产品和针对性的服务，就能够提高他们的满意度和忠诚度。

二、物流客户分级方法

物流企业根据客户为企业创造的利润和价值的大小，按由小到大的顺序排列，就可以得到一个客户金字塔模型，给企业创造利润和价值最大的客户位于客户金字塔模型的顶部，给企业创造利润和价值最小的客户位于客户金字塔模型的底部。将客户金字塔模型进行四层级划分，分别是重要客户、主要客户、普通客户和小客户。客户金字塔模型如图5—1所示。

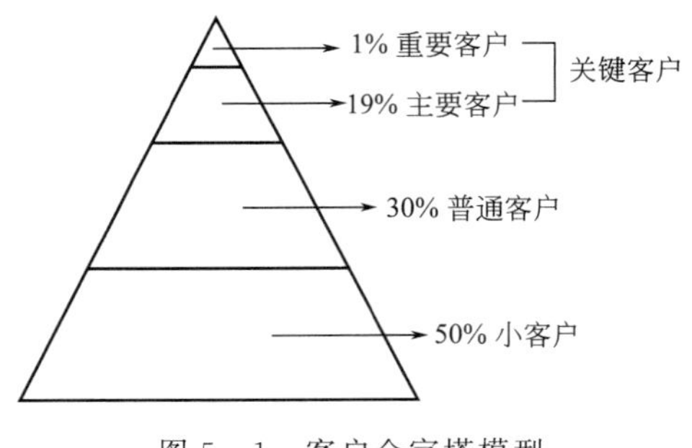

图5—1　客户金字塔模型

1. 重要客户

重要客户位于客户金字塔模型最高层，是能够给企业带来最大价值的前1%的客户。

重要客户对企业忠诚，是企业客户资产中最稳定的部分，他们长期为企业创造绝大部分利润，而企业却只要支付较低的服务成本；他们对价格不敏感，也乐意使用新产品，还可帮助企业介绍潜在客户，为企业节省开发新客户的成本；他们不但有很高的当前价值，而且具有巨大的增值潜力，其业务总量在不断增大，未来在增量销售、交叉销售等方面仍有潜力可挖。

物流企业拥有重要客户的数量，决定了其在市场上的竞争地位。

2. 主要客户

主要客户是客户金字塔模型中次高层的客户，是除重要客户以外给企业带来最大价值的客户，一般占客户总数的 19%。

主要客户是企业产品或服务的大量使用者或中度使用者，对价格的敏感度比较高，为企业创造的利润和价值没有重要客户那么高；主要客户也没有重要客户那么忠诚，为了降低风险，他们会同时与多家同类型的企业保持长期关系；主要客户也在真诚、积极地为企业介绍新客户，但在增量销售、交叉销售方面已经没有多少潜力可供进一步挖掘。

重要客户和主要客户构成了物流企业的关键客户，一般占企业客户总数的 20%，是企业的重点保护对象，企业 80%的利润靠他们贡献。

3. 普通客户

普通客户是客户金字塔模型中处在第三层的客户，是除重要客户与主要客户之外的为企业创造最大价值的客户，一般占客户总数的 30%。

普通客户包含的客户数量较大，但他们的购买力、忠诚度、能够带来的价值却远比不上重要客户与主要客户，不值得企业进行特殊对待。

4. 小客户

小客户是客户金字塔模型中最底层的客户，是指除了上述三种客户外，剩下的后 50%的客户。小客户既包含了利润低的“小客户”，也包含了信用度较低的客户。

这类客户购买量不多，忠诚度也很低，还经常提出苛刻的服务要求，几乎不能给企业带来赢利，而且会消耗企业的资源。

**【知识链接】**

客户数量金字塔和利润金字塔对应关系

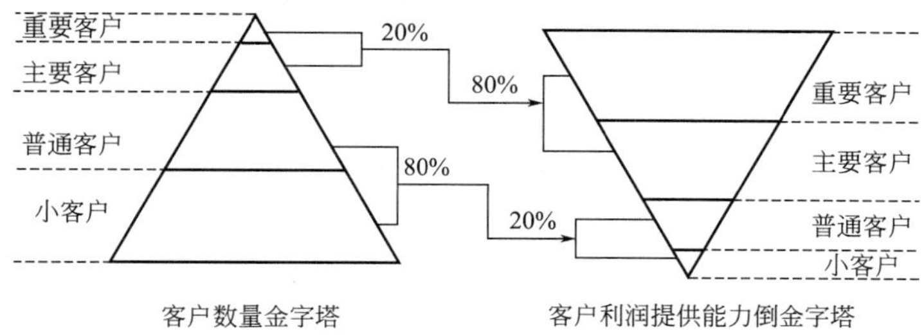

图 5—2　客户数量金字塔和客户利润提供能力倒金字塔

图 5—2 是客户数量金字塔和客户利润提供能力倒金字塔，体现了客户类型、数量分布和创造利润能力之间的关系。

从图 5—2 可以看出，企业应为对本企业的利润贡献最大的重要客户和主要客户提供最优质的服务，并加强与这类客户的关系，从而使企业的盈利能力最大化。

三、物流客户分级管理分析和策略

物流客户分级管理是根据企业管理的需要，从客户交易状况、发展潜力、资信程度等方面对客户进行分析评级，据此制定不同的服务策略和战略的管理方法。

1. 物流客户分级管理分析

（1）分析客户需求差异，发现近期频频合作的客户。客户需求差异的分析围绕客户近况、营业金额、消费频率和客户企业内部环境四个方面展开。

（2）分析客户价值，挖掘有利于企业长久发展的价值客户。客户价值分析要围绕客户所处的生命周期和发展潜力展开。

（3）分析客户的资信程度，找到令企业放心的客户。客户的资信程度指客户值得信赖的程度，客户的资信程度越高，企业发生坏账的可能性越低，经营风险越小。

2. 物流客户分级管理策略

（1）关键客户管理策略

关键客户（重要客户和主要客户）的管理以提高其忠诚度为目标，提升其带来的价值，从而保证企业的持续发展，在策略上应该注意的是：

1）成立专门的客户服务机构，指派专门的客户服务人员与关键客户联系，将优势资源优先分派给关键客户。

2）关注关键客户的需求波动，为其制定效益最大的服务方案，增加其财务利益。

3）设置专用通道，建立快速的双向沟通渠道，实现与大客户的无障碍沟通。

4）注重对关键客户的拜访和情感交流，维护双方关系。

5）优先处理关键客户的投诉。

（2）普通客户的管理策略

相对于关键客户，普通客户的业务量（或贡献的价值）波动性较大，管理中常将普通客户进一步划分为有提升潜力的增长型客户和没有提升潜力的低贡献客户两类，在管理策略上也存在差异。

1）对于增长型客户，企业应大力培育。通过设计鼓励消费项目、提供一条龙服务等策略来拉动消费，或者设置奖励积分刺激这类客户进行消费。

2）对于低贡献客户，企业应采用维持策略，通过不提供附加服务、降低服务投入等手段缩减对这类客户的服务。

【知识链接】

家得宝通过一条龙服务提升客户层级

美国家居装修用品商家得宝锁定两大潜力客户群——想要大举翻修住宅的传统客户和住宅小区与连锁旅馆的专业维护人员。为此，刻意在商场内增加“设计博览区”，展示了运用各种建材与电器组成的新颖厨房、浴室等高档样品房。

这些“设计博览区”为客户提供他们可能会需要的一切产品和服务，包括装修设计服务和装修用品，此外，还提供技术指导、员工培训、管理咨询等附加服务。

家得宝为客户提供了一条龙服务，增加了客户对企业的需要，也增强了客户与企业的关系，伴随着客户级别的提升，企业利润也提升了。

（3）小客户的管理策略

不管是对企业利润的贡献，还是对企业品牌的宣传，小客户作用都是最小的，甚至是负值。对这类客户，企业应有针对性地改造或淘汰，而不是简单粗暴地拒绝。

1）判断客户可否升级。对于可升级的客户，企业应实施低贡献客户管理策略。

2）果断淘汰劣质客户。劣质客户是指那些对企业的贡献小甚至是负值，而且经常抱怨的客户。果断淘汰劣质客户时应注意降低负面影响，提高服务价格、取消免费服务项目、缩小服务范围是礼貌的做法。

四、物流客户分级管理注意事项

一是不要为关键客户丧失管理原则，客户服务人员在处理此类客户问题时，应该坚持企业的原则和利益，不能为了维护关键客户而过度让步。

二是不能因为小客户就盲目放弃，客户服务人员在日常工作中，对小客户也要热情、礼貌、周到。在做出客户取舍前，要仔细研究小客户的潜力，如果具备潜在价值，就有必要培育，力争培养成关键客户。

第二节　物流客户回访

物流客户回访是企业用来维护客户和进行物流服务满意度调查、客户物流需求行为调查的常用方法。回访过程中，客户服务人员会与客户进行比较多的互动沟通，不但可以得到客户的认同、获取客户的建议，还可以创造更多的客户价值，为进一步合作打下坚实的基础。

一、物流客户回访的目的和作用

物流客户回访的主要目的是提高物流企业信誉和树立物流企业形象。客户回访工作能够将售后服务工作落到实处，提升物流企业在客户心中的印象，同时能够减少客户的投诉，还能够发掘客户的物流需求，从而帮助企业开拓新的物流服务项目和业务。

二、物流客户回访的注意事项

1. 注重客户细分，明确客户需求

回访前，物流企业可根据自身业务性质将客户进行细分，针对不同类别的客户制定不同的服务策略，增强客户服务的效率。确定了客户的类别以后，明确客户的需求才能更好地满足客户。在客户联系物流企业之前进行客户回访，更能体现企业对客户的关怀。及时联系到需要帮助的客户，提供相应的支持，将大大提升客户的满意度。

2. 确定物流客户回访的方式

客户回访可以采用电话、电子邮件、信函、QQ 等方式，对于重要的客户可以登门回访。

客户回访也可按销售周期不同，分为定期回访、提供售后服务之后的回访、节日回访三种。定期回访可以让客户感觉到企业的诚信与责任，回访时间要合理，如以产品销售出一周、一个月、三个月、六个月等为时间节点进行定期的电话回访。提供售后服务之后的回访可以让客户感觉到企业的专业性，特别是在回访时发现了问题，一定要及时解决，将客户的不满情绪控制在最小范围内。节日回访是指在节日回访客户，并送上祝福。这样既可以加深企业与客户的联系，又让客户体会到了优越感。

3. 抓住客户回访的机会

客户回访后，要反思客户不满意的原因，找出问题；要了解客户对企业的建议；要有效利用回访资料，从中改进工作、改进产品、改进服务；要准备好对已回访客户的二次回访。

4. 利用客户回访促进重复销售或交叉销售

最好的客户回访是通过提供超出客户期望的服务来提高客户对企业或产品的美誉

度和忠诚度，从而创造新的销售可能。客户关怀是持之以恒的，销售也是持之以恒的，通过客户回访等售后关怀为产品和企业增值，借助老客户的口碑形成新的销售增长，是成本最低也是最有效的客户开发方式之一。

5. 正确对待客户抱怨

客户回访过程中遇到客户抱怨是正常的，应正确对待。客户服务人员不仅要平息客户抱怨，更要了解客户抱怨的原因，把被动转化为主动。针对客户的抱怨要建立“客怨档案”，将客户抱怨进行分类，例如质量问题、服务问题、沟通问题或者其他问题等，根据抱怨内容而定。通过解决客户抱怨，客户服务人员不仅可以总结服务过程，提升服务能力，还可以了解并解决产品的相关问题，提高产品质量，扩大产品使用范围，更好地满足客户需求。

三、物流客户回访的一般流程

物流客户回访的一般流程如图 5—3 所示。

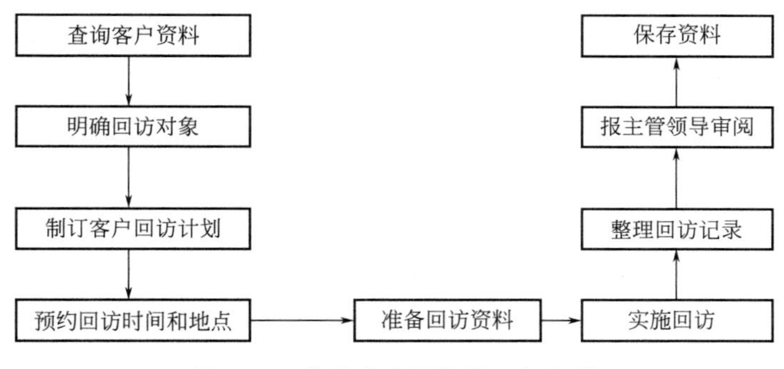

图 5—3　物流客户回访的一般流程

1. 客户回访前期准备工作

（1）选定回访客户

客户服务人员根据物流企业客户资料库和客户回访的相关规定，对客户信息进行分析，确定要回访的客户。一般符合以下条件的客户要优先回访：新开发的客户、较长时间未联系的老客户、满意度调查时对企业表示不满的客户，以及近期出现服务事故的客户。

（2）准备回访资料

客户服务人员根据回访计划准备回访的相关资料，包括客户基本情况、客户的相关记录和特殊需求等，见表 5—1。

表 5—1　　客户回访相关资料

回访客户类型	资料内容
新开发的客户	服务实施的情况，出现的相关问题，各方对服务实施情况的评价，需调整或改进服务的情况
较长时间未联系的老客户	该客户最近的合作情况，客户与企业联系不够紧密的原因（是否因为服务减少、投诉处理不满等）
满意度调查时对企业表示不满的客户	客户表示不满的内容，问题根源，与相关部门沟通后的解决方案
近期出现服务事故的客户	客户遭遇的服务事故类型、解决情况和索赔情况，企业目前能提供的解决方案，对客户如何避免相关问题的建议

2. 实施阶段

（1）登门回访

客户服务人员登门回访时要主动向客户表示问候，如果回访的是近期出现服务事故的客户，应对操作上的失误诚恳地表示歉意，取得客户谅解，并根据拟定的解决方案与客户进行协商，确定操作整改内容、责任人及落实时间，使客户恢复对企业的信任。

对于长时间未联系的客户，客户服务人员应了解客户近期的情况及竞争对手的优势，以便及时调整业务，获取更多合作机会。

回访结束时，回访人员要向客户表示感谢，使此次回访转化为与客户增进感情的会面。回访人员需将回访结果填入客户回访记录表中（见表 5—2），并在表上签字。

表 5—2　　客户回访记录表

编号：　　　　　　　　填表日期：

客户姓名		回访时间		回访地点	
回访人员		回访方式		客户联系方式	
客户基本信息					
本公司业务优势					
客户近期物流需求情况					
客户建议					
备注					

（2）电话回访

电话接通后，回访人员应礼貌地进行自我介绍，询问客户是否愿意接受电话回访。

若客户同意，应马上进行回访，并告知所需时间及主要内容；若客户不同意，则礼貌询问缘由。对于不愿意被打扰的客户，应礼貌结束谈话；对于近期没有时间接受回访的客户，可以约定下次回访的时间。

3. 总结阶段

客户回访工作人员在做完回访工作后，应整理相关回访资料，及时编写客户回访工作报告，并将相关回访资料存档。回访中发现的问题要及时处理，原则上谁的问题谁负责处理。

第三节　物流客户满意度调查

物流客户满意度就是客户对所购买的物流产品或服务的满意程度，以及能够期待客户未来继续购买的可能性，它是物流客户满意程度的感知性评价指标，是客户的一种心理反应。

对企业来说，不满意的客户下次就不会再购买企业的产品或服务，一般满意的客户一旦发现有更好、更便宜的产品或服务后也不会再来购买，只有非常满意的客户才能成为企业的忠诚客户。因此，现代物流企业把追求客户满意度作为自己的经营目标之一。

一、影响物流客户满意度的因素

影响物流客户满意度的因素是多方面的，一般可归结为以下五个方面。

1. 企业因素

企业是产品与服务的提供者，其规模、效益、形象、品牌和公众舆论等在内部或外部表现出来的东西都将影响消费者的判断。如果企业对消费者造成了很恶劣的影响，很难想象消费者会考虑选择其产品。

2. 产品因素

首先，物流企业的产品或服务如果有明显的优势，则容易获得客户满意。其次，如果物流企业的产品包含服务较多，则容易获得客户满意；如果其产品与其他物流企业差不多，则客户很容易转向他处。最后，如果物流产品的外观因素，如包装、运输、配件等设计得细致，有利于客户使用并能体现其地位，则容易获得客户满意。

3. 营销与服务体系因素

物流企业的营销与服务体系是否简洁、有效，能否为客户带来方便，售后服务时间的长短，服务人员的态度、响应时间，以及投诉与咨询的便捷性等，都会影响客户满意度。同时，经销商作为中间客户，有其自身的特殊利益与处境。物流企业通过分销政策和良好的服务赢得经销商的信赖，提高其满意度，能使经销商主动向消费者推荐产品，解决消费者一般性的问题。

4. 沟通因素

物流企业与客户的良好沟通是提高客户满意度的重要因素。在很多情况下，客户对物流产品或服务不了解，需要企业提供咨询服务；或者客户因为物流产品或服务中存在的问题要向企业投诉。如果客户与企业联系时缺乏必要的渠道或渠道不畅，就容易使客户不满意。

5. 客户关怀因素

所谓客户关怀是指物流企业对其客户所实施的全程服务活动，如客户服务、优质的服务质量、及时完善的售后服务。不论客户是否咨询、投诉，物流企业都应主动与客户联系，对产品、服务等方面可能存在的问题主动向客户征求意见，帮助客户解决以前并未提出的问题，倾听客户的意见和建议。

二、物流客户满意度调查工作流程

物流客户满意度调查工作由调查准备、调查实施和调查结果三个环节构成，具体包括以下方面。

1. 选定客户满意度调查内容

客户满意度调查内容主要涉及服务产品、服务行为、服务形象等方面，每次调查的侧重点应有所不同。物流企业往往根据市场竞争状况，结合物流服务中存在的问题有针对性地选择调查项目和内容。当投诉业务增加时，企业应选定物流服务流程、员工作业规范等内容进行客户满意度调查；当出现客户流失时，企业则应选择服务项目、服务价格和竞争对手的服务等内容开展客户满意度调查。

2. 制订客户满意度调查计划

客户满意度调查计划主要涉及调查对象、调查时间、调查步骤、调查方法等内容，应确定向谁获取信息、何时收齐资料、采用什么方法获取资料等。

3. 设计客户满意度调查问卷和调查提纲

（1）设计调查问卷

设计调查问卷是客户满意度调查的核心工作，是对调查内容的细化。客户满意度调查问卷应集合客户最关注和期望的问题，通过这些问题，企业能主动掌握客户的期望、感知、满意程度、抱怨之处等，所以客户满意度调查问卷应能反映以下内容：

1）客户对服务的期望。了解客户对物流服务的期望，可从对服务总体质量的期望、对服务需求满足程度的期望和对服务可靠性的期望三方面考虑，这些提问能帮助企业了解客户对物流服务的要求，掌握客户重点关注的服务要素。

2）客户对服务质量的感知。了解客户对服务质量的感知和评价，也可从服务总体质量、服务需求满足程度和服务可靠性三个方面考虑，其中最关键的问题是将客户感知和评价进行量化，用数据或感知展现客户对服务质量、服务需求满足能力的认可。

3）客户对价值的感知。客户对价值的感知与价格有关，但价格因素也不能完全反映客户感知的价值。设计调查问题时，应在给定的价格条件下询问客户对质量级别的评价，或在给定的质量条件下询问客户对价格的评价。

4）客户满意度和客户忠诚度，客户满意度和客户忠诚度是调查问卷的重要内容，是调查的目的所在，反映客户满意度的问题主要涉及客户对企业服务的总体评价、满意程度的量化等，而反映客户忠诚度的问题涉及客户选择本企业的原因和再次合作的意愿等。

（2）拟定调查提纲

物流企业采用客户座谈、电话调查和上门拜访等方式调查客户满意度时，应拟定调查提纲。调查提纲是指导调查工作有序进行的文件，其主要内容有调查目的、客户访谈话题及讨论顺序、各话题的目的和必须获得的信息、各话题主要问询对象、主持人（电话调查者或拜访者）串词等。

4. 实施调查

实施调查可以采用访谈调查法、问卷调查法和电话抽样调查法。访谈调查法用于收集口头资料，具有直接性与灵活性。问卷调查法的调查范围广，结合访谈调查效果更佳。问卷类型有开放性问卷和封闭性问卷两种，各有优缺点，两者结合效果更好。电话抽样调查法受时间、人物、语言等诸多因素影响，效果不如前两者，可作辅助之用。

随着现代信息技术的运用，出现了一些新的调查方法，包括计算机辅助个人调查法、计算机辅助电话调查法、电子邮件调查法、自动语音电话调查法和网络调查法等。

5. 整理调查数据，撰写客户满意度调查报告

通过调查活动获得的原始信息是分散的、零散的，是各调查对象对物流企业服务质量的个体评价。为综合、客观评价物流企业的服务，必须对这些资料进行整理和汇总，并形成客户满意度调查报告。客户满意度调查报告是对调查结果所做的书面文字总结，它反映客户对物流企业服务的满意程度，是物流企业改进服务质量、加强服务管理、制定管理措施的依据。

第四节　物流客户关系维护与拓展

一、物流客户关系维护策略

1. 增强对客户保持的重视

有关资料显示：发展一位新客户的成本是保持一位老客户成本的 5 倍。由此可见，物流企业要把客户保持作为工作重点，全体员工都要加强对客户保持工作重要性和紧迫性的认识。同时，企业决策层要积极转变经营策略，以企业宏观的客户保持战略指导相关部门制定具体的客户保持对策，用科学的指标衡量客户的满意度、忠诚度、贡献度、依存度。

2. 充分应用客户关系管理（CRM）系统，加强客户档案管理

物流企业要实现长期的稳定发展，必须要不断收集和研究目标客户群的产品和服务要求，并积极有效地反馈、融入自身的产品和营销策略中去。利用 CRM 系统，物流企业能够从与客户的接触中了解他们的信息，并在此基础上进行“一对一”的个性化服务。物流企业应搜集、追踪和分析每一个客户的信息，知道他们的喜好，以此为依据，为他们量身定做产品或服务，满足客户需求。物流企业应设立专人或专门部门，利用现代化工具集中管理企业的“客户档案”和“业务数据”，重视网站、电话、传真、电子邮件、市场活动等多种渠道的客户请求和需求信息，与不同的客户建立不同的联系，并根据其特点和需求，为他们提供不同的周到快速的服务，真正做到“以客户为中心”，赢得客户的“忠诚”，留住企业发展的资源。此外，物流企业应特别重视对大客户的跟踪调查并及时反馈信息，统计分析大客户的消费量、消费模式等基本情况，对大客户进行动态管理和预警监管，要把“客户资源”作为企业资产来管理。

3. 培育客户的忠诚度

现在的消费者不再是一个广泛的群体，而是由不同需求、经济能力和偏好的个体所组成。因此，物流企业要理解客户的差异性，并对现在和将来的客户进行细分，找到最有吸引力的客户群，为他们开发、提供最具有吸引力、说服力的相关产品和服务，并信守提供服务的承诺，在执行环节上做到前后一致，达到与客户之间合作零距离、供货零成本、服务零投诉的目标，提高客户满意度。另外，物流企业还应通过各种激励措施留住有关键客户的员工。因为，关键客户对公司的信任和期望是通过与他保持密切联系的员工形成的，而且这样的员工工作经验丰富、业务能力强，能更好地为客户服务，善于增进客户对企业的情感，提高客户的忠诚度。

4. 服务补救，挽回客户

服务补救是指对已流失的客户采取“超满意服务”措施，最大限度地使客户由不满意变为满意，由不信任到信任，最终赢回客户。很多传统的领先企业不断受到创新企业的威胁，将其很重要的客户群分享过去，导致客户的流失。要让已流失的客户回头是比较困难的，因此物流企业必须跟踪那些值得赢回的关键客户，了解他们的需求，掌握其动态，在市场时机适当的时候，适时地推出挽回客户的补救计划；分析客户的当前数据和历史数据，避免因信息不完备而误将潜在的价值客户认作必然流失的客户，从而放弃赢回客户的努力。

5. 加强客户价值提升管理

在物流企业的客户维护系统中，真正能给企业带来利润的并不是所有的客户，而是“客户金字塔”结构中的中层及上层的客户群体，是最有价值的或者正发挥价值的客户。因此，物流企业应重视对客户价值的管理，并建立以它为导向的战略来改善业绩，争取保留和发展最有价值客户，全面提高低利润客户群的盈利能力。第一，对最有价值客户进行投入。将适当的资金、费用投入到最有价值客户并善于把他们推到前台与企业共谋发展，使客户认识到自己的重要性，从而提高积极性。通过年终奖励、分红等方式鼓励最有价值客户与企业合作的信心。第二，对具有潜力的客户进行培养。这部分客户在企业销售过程中起到相当重要的作用，如果企业忽视这部分客户，将造成客户的流失，企业的利润会明显减少。因此，企业应善于在这部分客户上下功夫，通过各种方式建立良好的关系，把他们培养成最有价值客户。第三，与负价值客户进行沟通。企业应对这部分客户进行调查了解，分析为什么负价值客户会出现目前的状况，尽力通过走访、对话等方式与他们沟通，掌握客户信息，同时也寻找自身的原因（如价格、服务等），尽量扶持起一些目前看来还没有起色的客户。

6. 维护客户关系的措施

要维护客户关系，首先应评估客户关系。客户关系评估是将企业与客户之间的合作发展趋势进行量化，确定未来企业与客户合作关系的工作过程。客户关系评估由客户信息调查、评估指标计算和评估结果分级三个环节组成，它将企业与客户的关系划分为发展关系、维持关系和终止关系，最后根据评估结果确定不同客户的关系维护方案和措施。一般而言，与关键客户的关系需要深入发展，与普通客户的关系可以维持，与没有合作前景的客户则应终止关系。

（1）关键客户关系维护的措施

1）优先满足关键客户的需求。关键客户的需求量大，所以客户关系专员应密切关注关键客户的经营状况，根据客户业务发展的需要提前做出判断，合理安排关键客户的运输、库存和加工等业务。当关键客户的需求与普通客户的需求发生冲突时，应优先考虑关键客户的需求。

2）定期拜访客户。客户关系专员应制订对关键客户的拜访计划，定期了解其对物流服务的要求，了解其在经营过程中遭遇的库存、运输等物流难题。在拜访过程中如实记录并向上级提交客户的问题，跟踪其他部门解决问题的情况。

3）组织高层领导拜访客户，邀请客户参加座谈。组织高层领导拜访关键客户并邀请其参加座谈，对物流企业来讲尤为重要。企业高层领导拜访客户，有利于实现企业与客户之间在战略信息上的互通，有助于企业与客户的协调发展。

4）定期征求客户提案。客户提案是指客户的意见和建议，物流企业建立客户提案管理制度的目的在于建立长久、健康的客户关系，树立良好的企业形象。开展客户提案管理工作，客户服务人员首先应向客户征集提案，其工作程序如下。

① 拟定客户提案通知。

② 以电子邮件、信件、传真等方式发出提案通知，邀请客户提出合理化建议，提供相应表单。

③ 收集并上交提案。及时收取客户提交的提案建议书，用电话、短信或电子邮件等形式回复客户，表示感谢。对于未能按时提交的客户，可采用邮件或短信形式提醒，但不要催促和要求。对于填写不完整的提案，可指导客户修改。对收齐的提案进行分类、编号、排序，然后提交给客户关系主管。

④ 向客户发送提案处理通知。客户关系专员上交客户提案后，物流企业提案评审委员会将对提案进行审核，审核的结果有三种，即采用、保留和不采用。客户关系专员应及时将提案评审结果通知提案人，向提案人说明情况。在客户提案评审通知书中，对于采纳的提案，要说明实施时间和改进措施，并表示感谢；对于保留的提案，应说明保留原因和保留期限，并表示感谢；对于不采用的提案，则要说明不采用的具体原

因，并表示歉意和感谢。

5）馈赠礼品。在客户重大、喜庆的日子或者节假日期间，不定期向关键客户赠送礼品，表达企业对客户的感谢，从而巩固与客户建立的良好关系。

（2）普通客户关系维护的措施

普通客户关系维护的工作重点在于企业品牌的宣传，即通过客户参观、电话拜访、服务让利等方式拉近与客户的关系，并在普通客户中培养、选拔有合作前景的客户。

二、物流客户关系拓展策略

每个新开发的客户尤其是项目客户，从试运作、签订合同到客户关系成熟需要一个过程，一般为三个月以上，在此过程中，营销人员就已经将客户转到客户服务人员了。至此，新客户的开发转变成老客户的挖潜，即客户关系拓展。客户关系拓展的策略如下：

1. 准备工作

为了做好客户关系拓展工作，客户服务人员在接手后应与相应的营销人员充分沟通，了解该客户的信息，为与客户的初次见面做好准备。

2. 前期接触

客户服务人员初次约见客户，应与相应营销人员一同前往，主要目的是在客户面前进行交接，将联系方式、工作职责告知，并对客户目前的满意度进行初步调查。如果情况允许，还可以对客户目前的组织结构、部门职能、运营情况进行了解，为进一步挖潜做准备。初次见面后，对所记录收集的信息加以整理判断，初步断定该客户可挖的潜力和挖潜的时机。

3. 长期跟踪

一般来讲，通过前期接触就挖潜成功的可能性不大，需要长期的跟踪，与客户不断进行沟通交流，使其对客户服务人员、对物流企业产生信任感后，才会逐渐将其业务转移到我方。这就需要制订计划性和非计划性的沟通方案。

4. 计划性沟通方案

计划性沟通方案是指通过各种机会，定时定期地与客户进行沟通，和客户建立持久的合作关系。

5. 非计划性沟通方案

对于突发事件（如服务事故、客户临时需求），客户服务人员应尽量在最短时间内帮助客户解决，即使解决不了，也应及时反馈或为客户提供好的建议，这样，客户信任度会迅速提高。如果有条件，在部门聚会、同事聚会或企业举办的小型体育竞技比赛中，也可以考虑就客户感兴趣的项目邀请客户参加。

6. 获得信息

对于长期维护中运用相应的沟通方法获得的信息，客户服务人员应迅速给出反馈。获得的信息不同，后续工作也是不同的，例如，获悉竞争对手出现重大服务事故，可以针对其出现服务事故的种类来突出自身的优势；获悉客户的其他部门也产生了需求，可以积极地与该部门接洽。但无论获得何种信息，一定要考虑物流企业是否能够满足客户需求或能满足到什么程度，这就需要得到信息后与运营部门合作，确定有针对性和可行性的方案。

7. 挖潜成功

客户服务人员所提供的方案得到客户认可后，还需要加快推进步骤，尽快使挖潜项目试运作，并对前期运作进行逐票跟踪，直至客户关系拓展成功。

思考练习题

1. 简述物流客户分级管理的策略。
2. 物流客户回访的注意事项有哪些？
3. 简述物流客户回访的流程。
4. 影响物流客户满意度的因素有哪些？
5. 简述物流客户满意度调查工作流程。
6. 简述物流客户关系维护的策略。